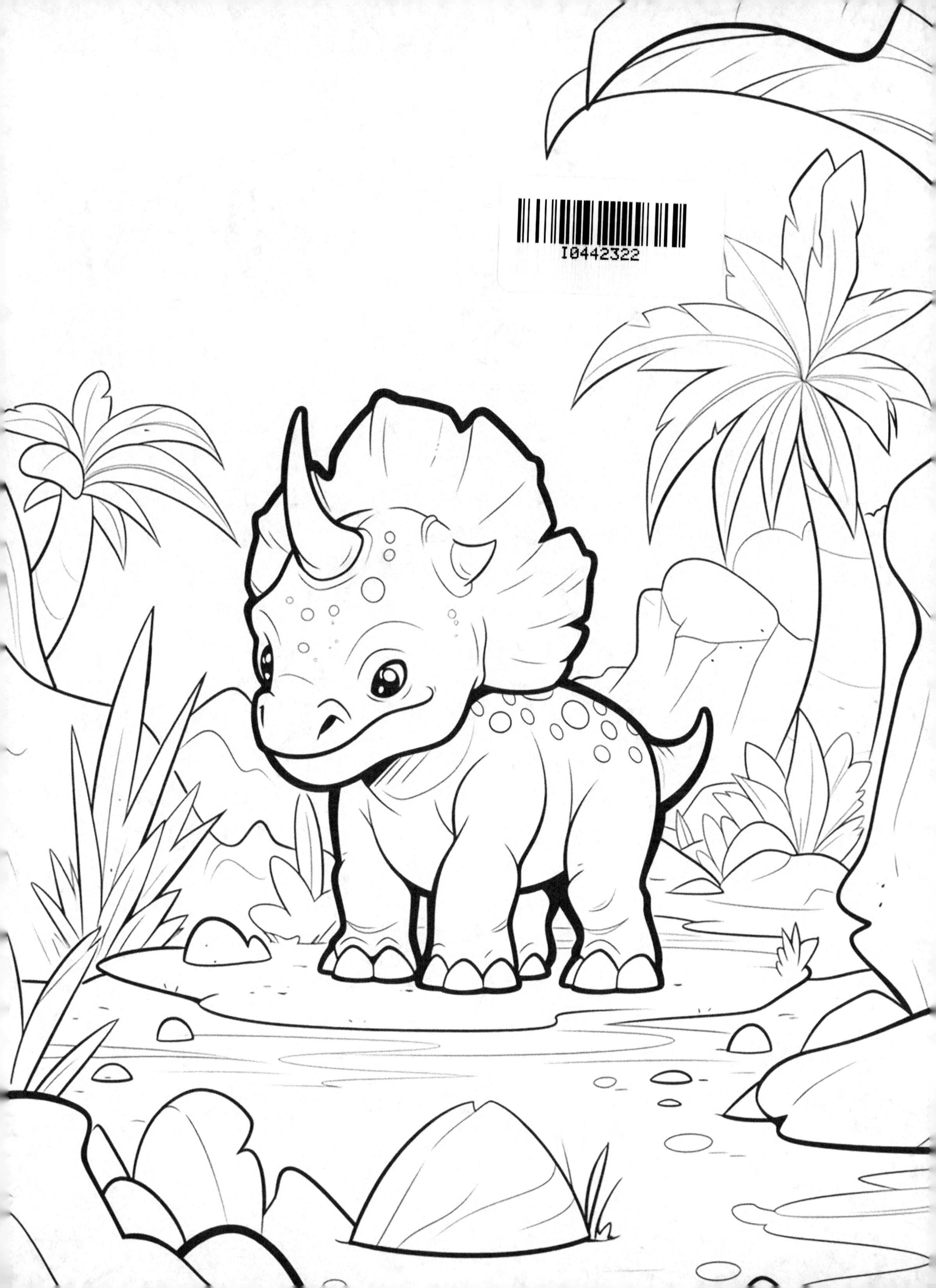

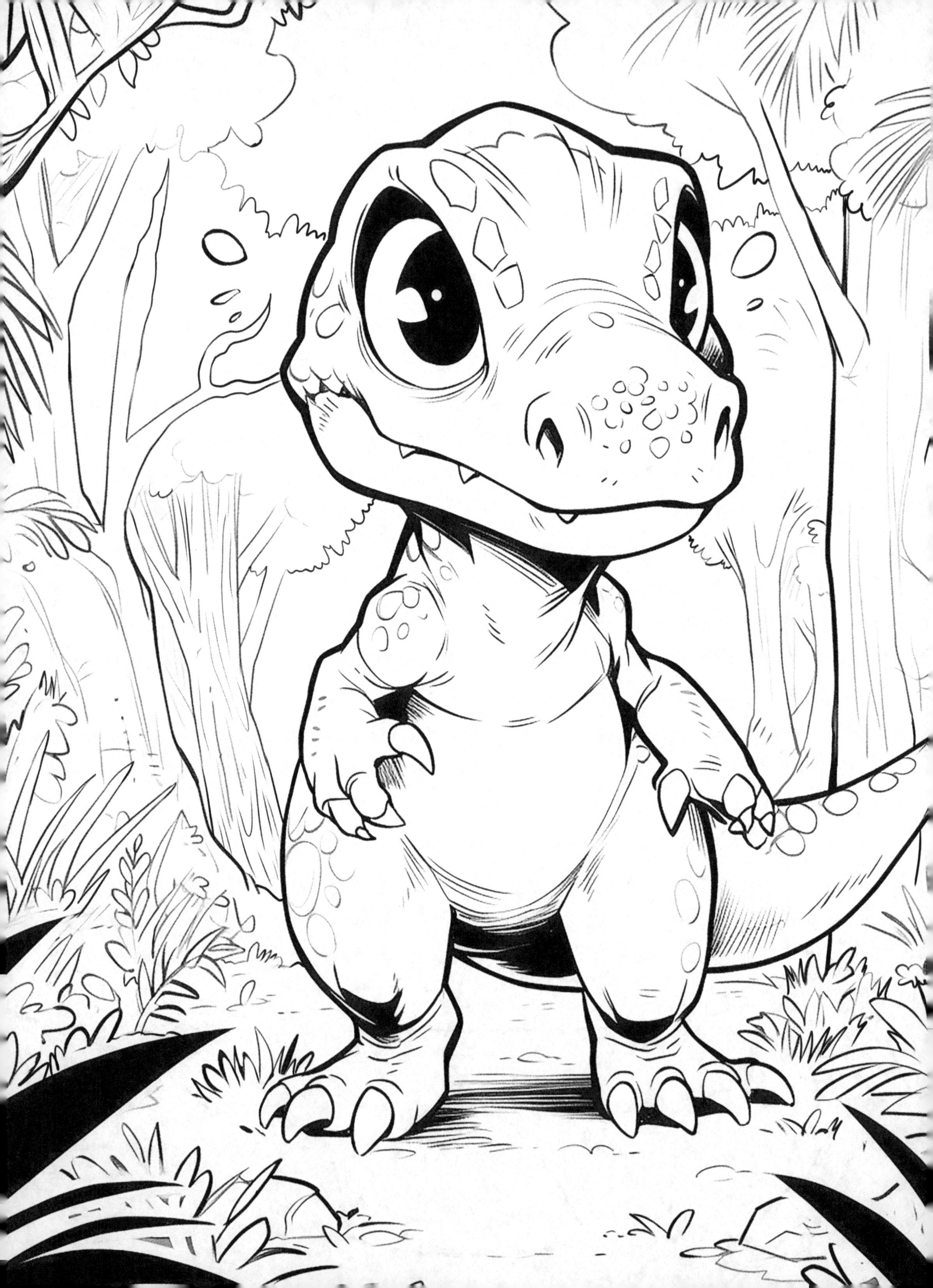

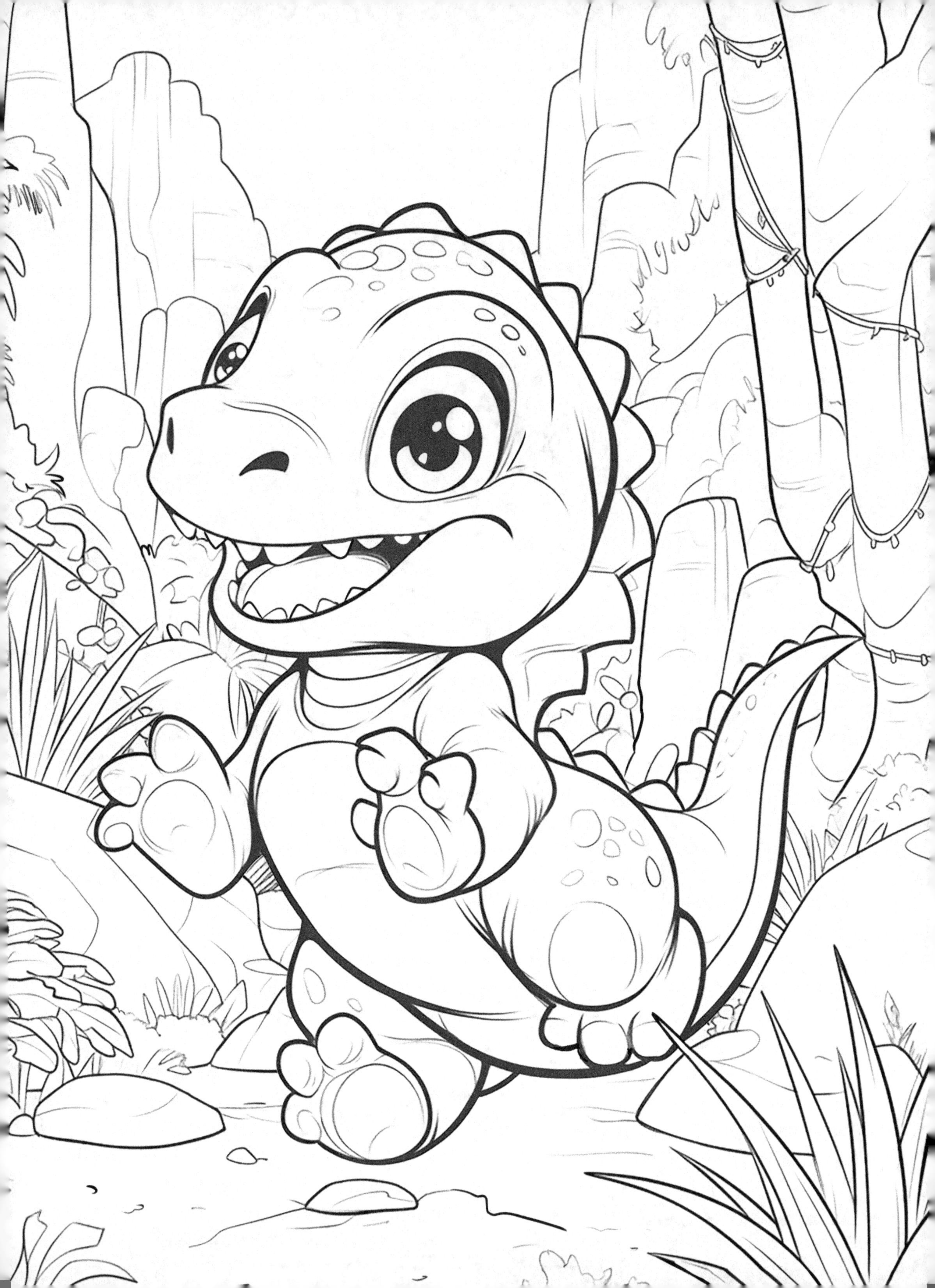

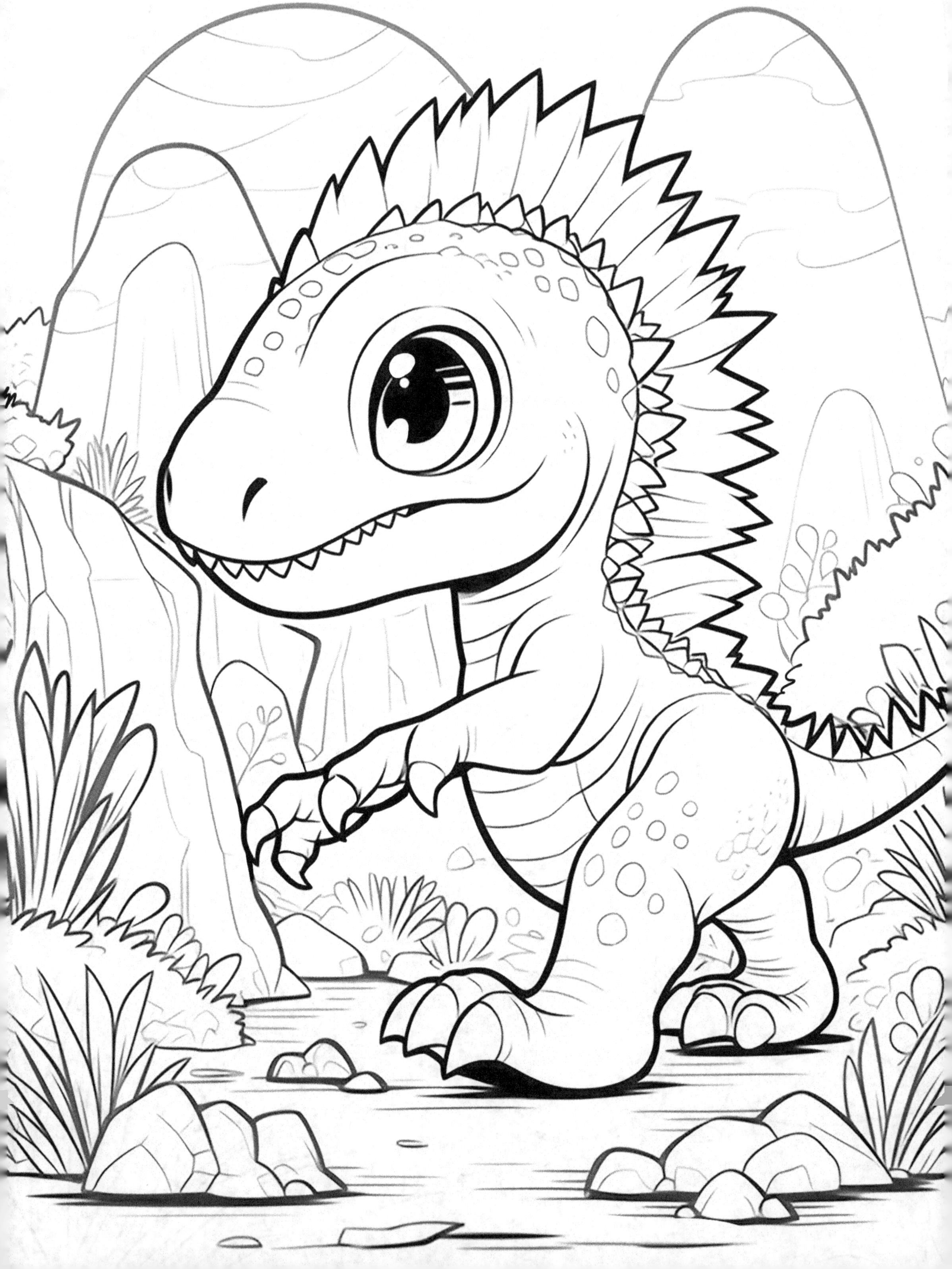

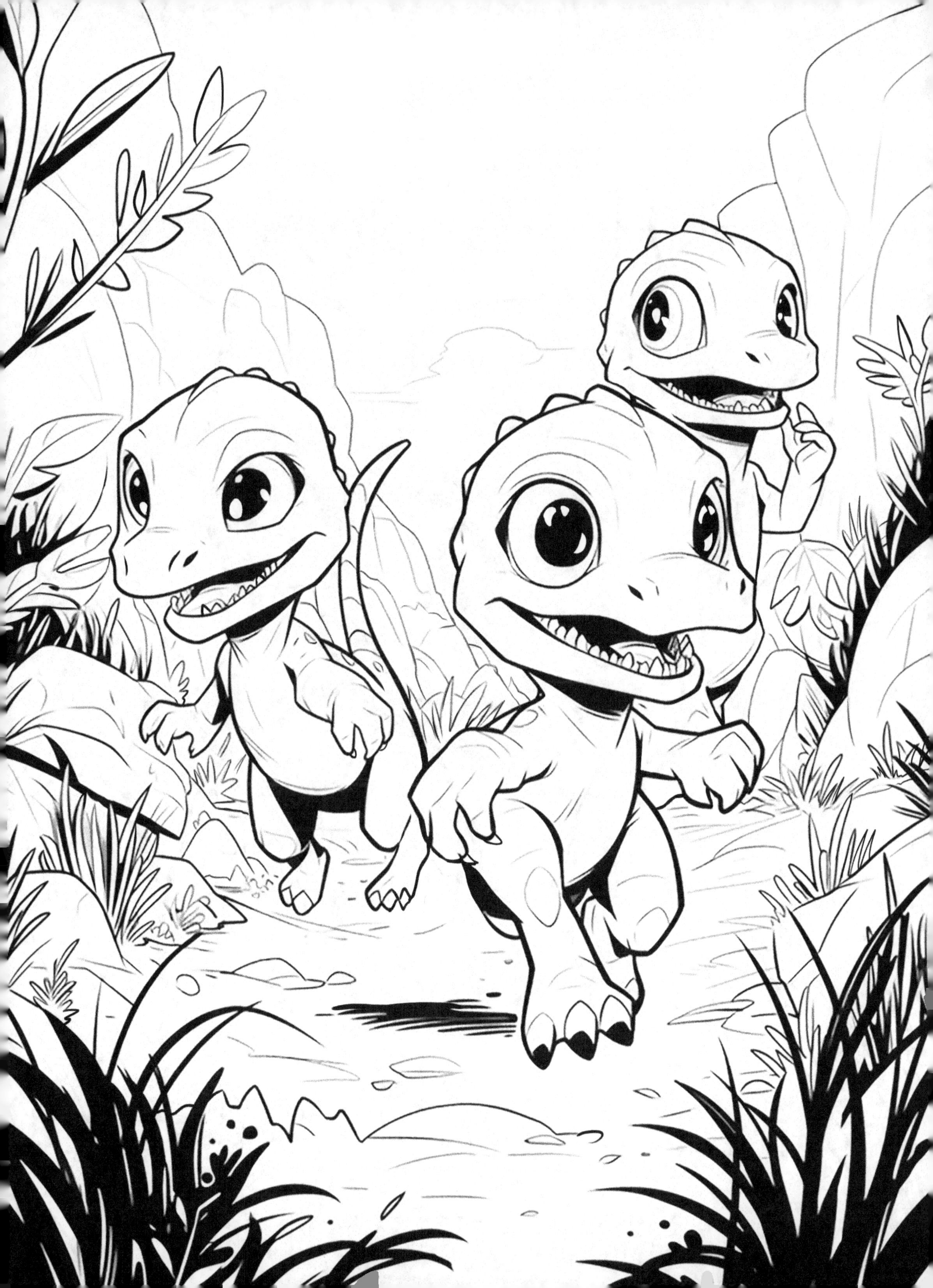

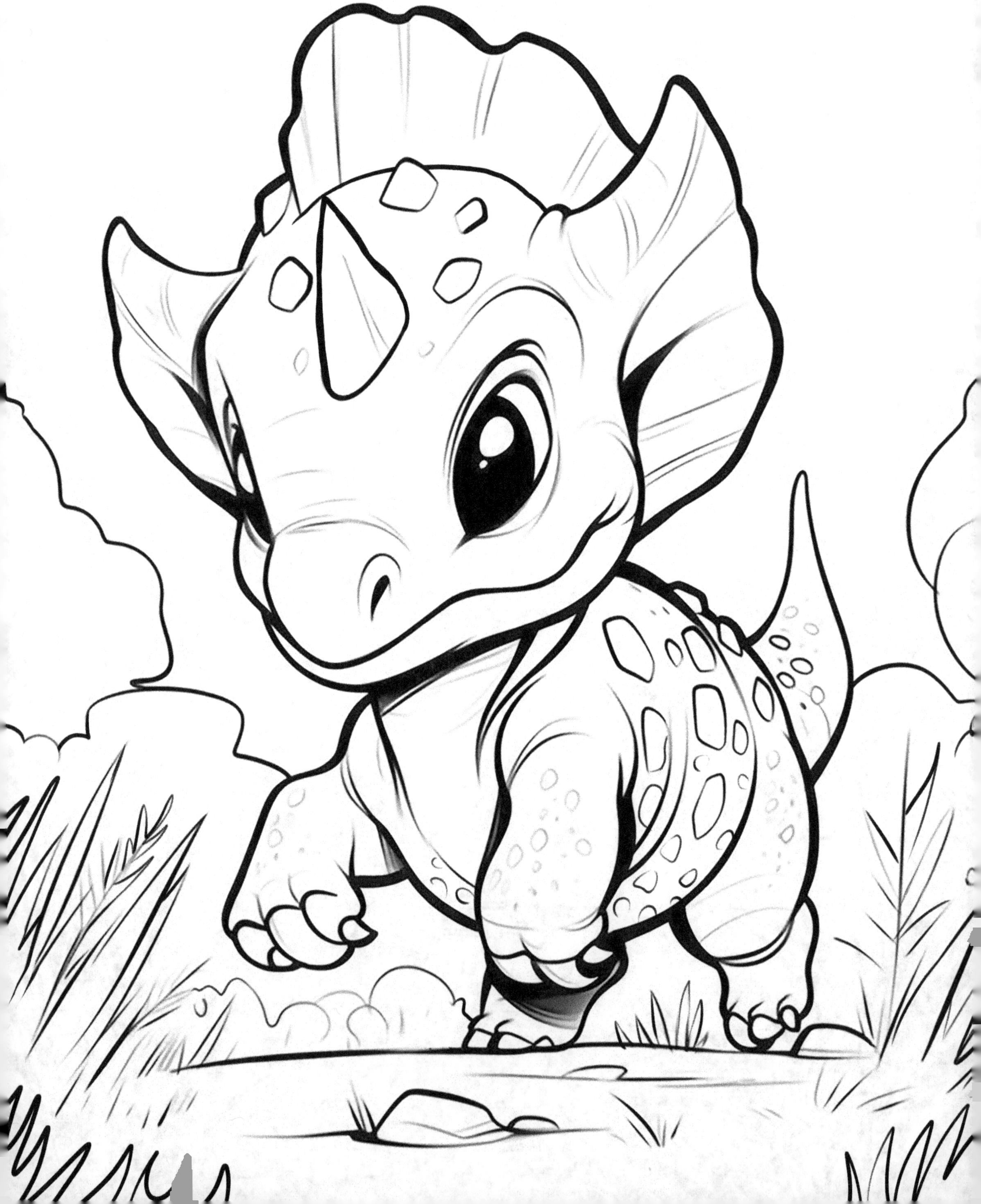

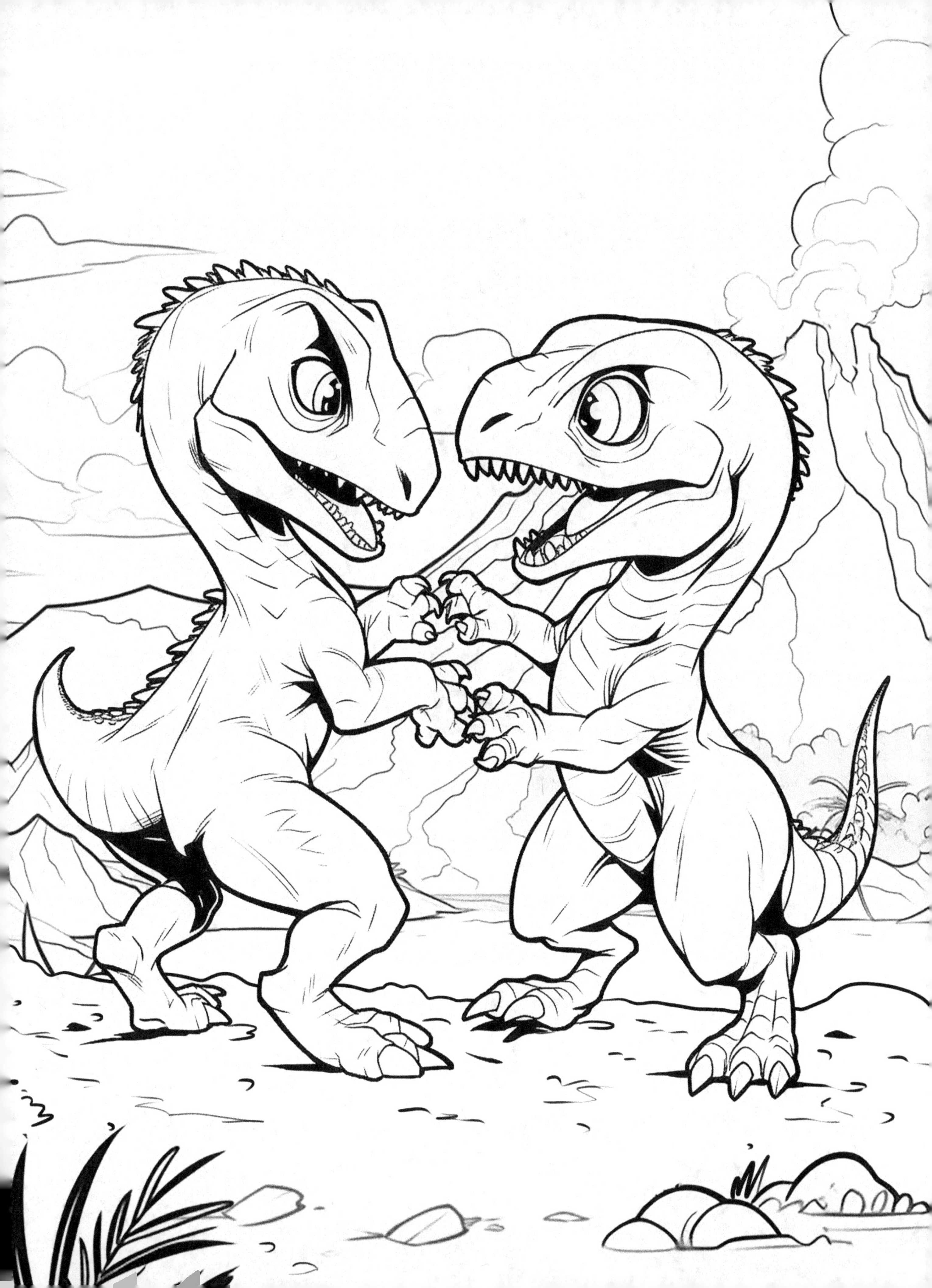

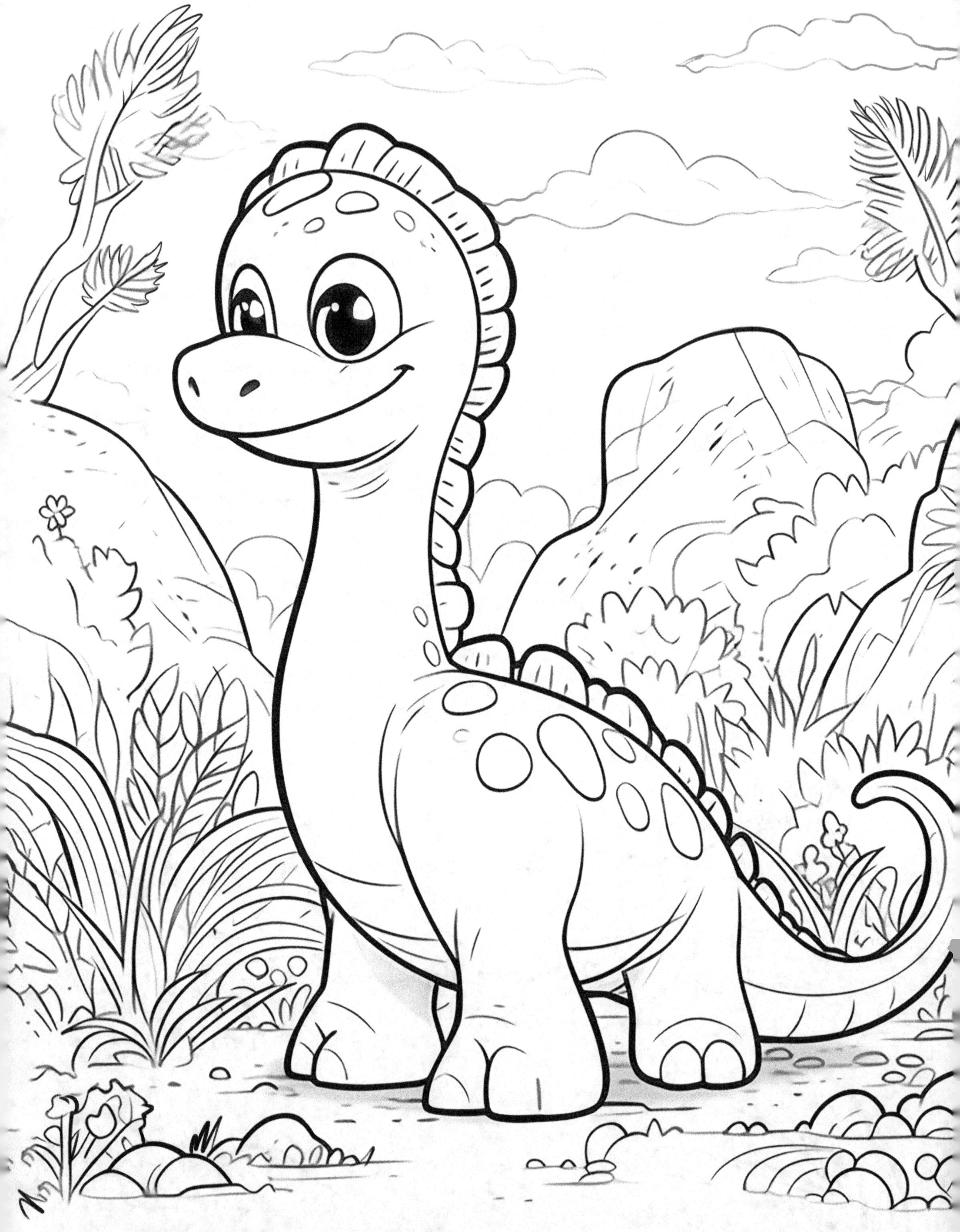

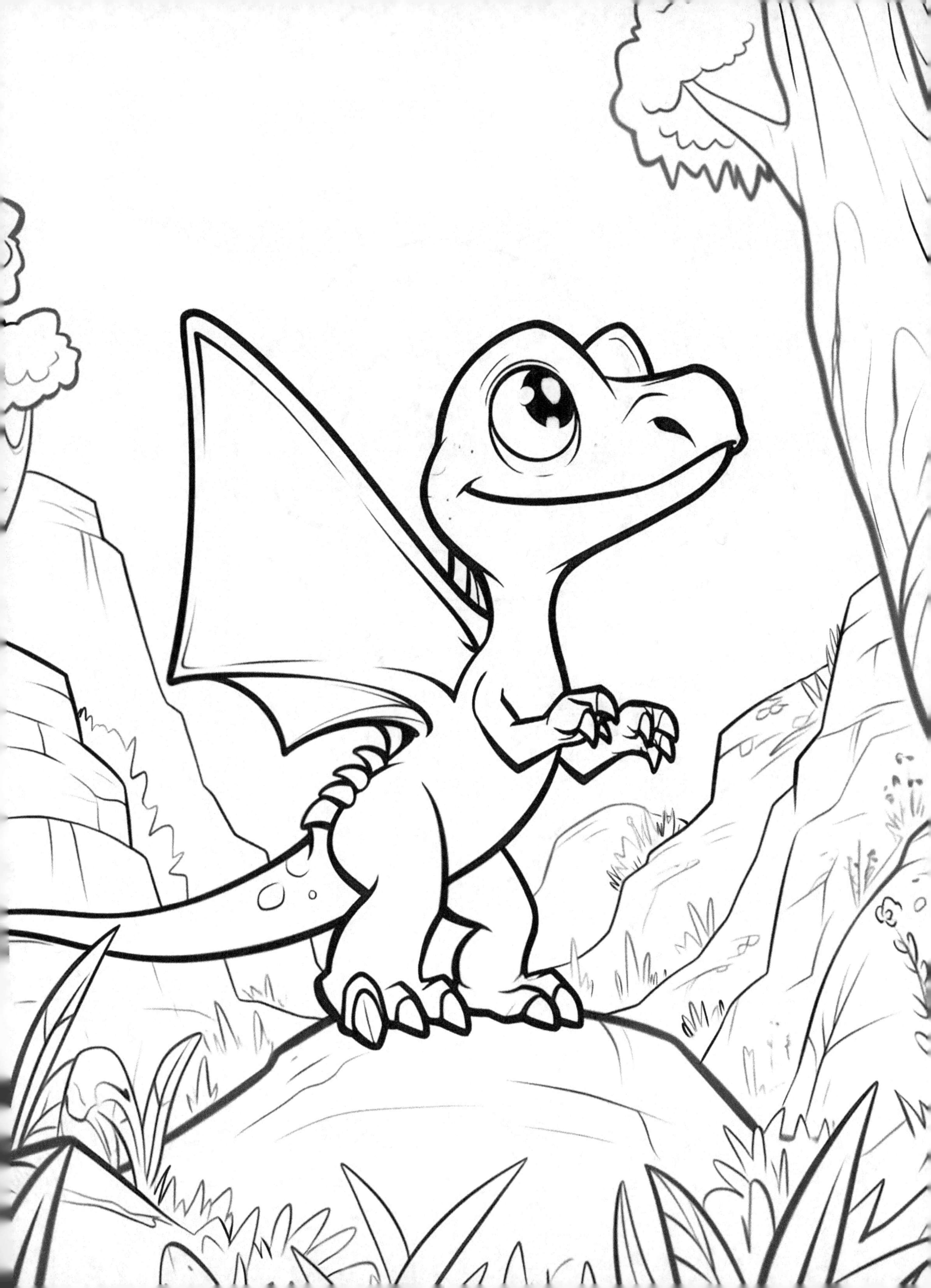

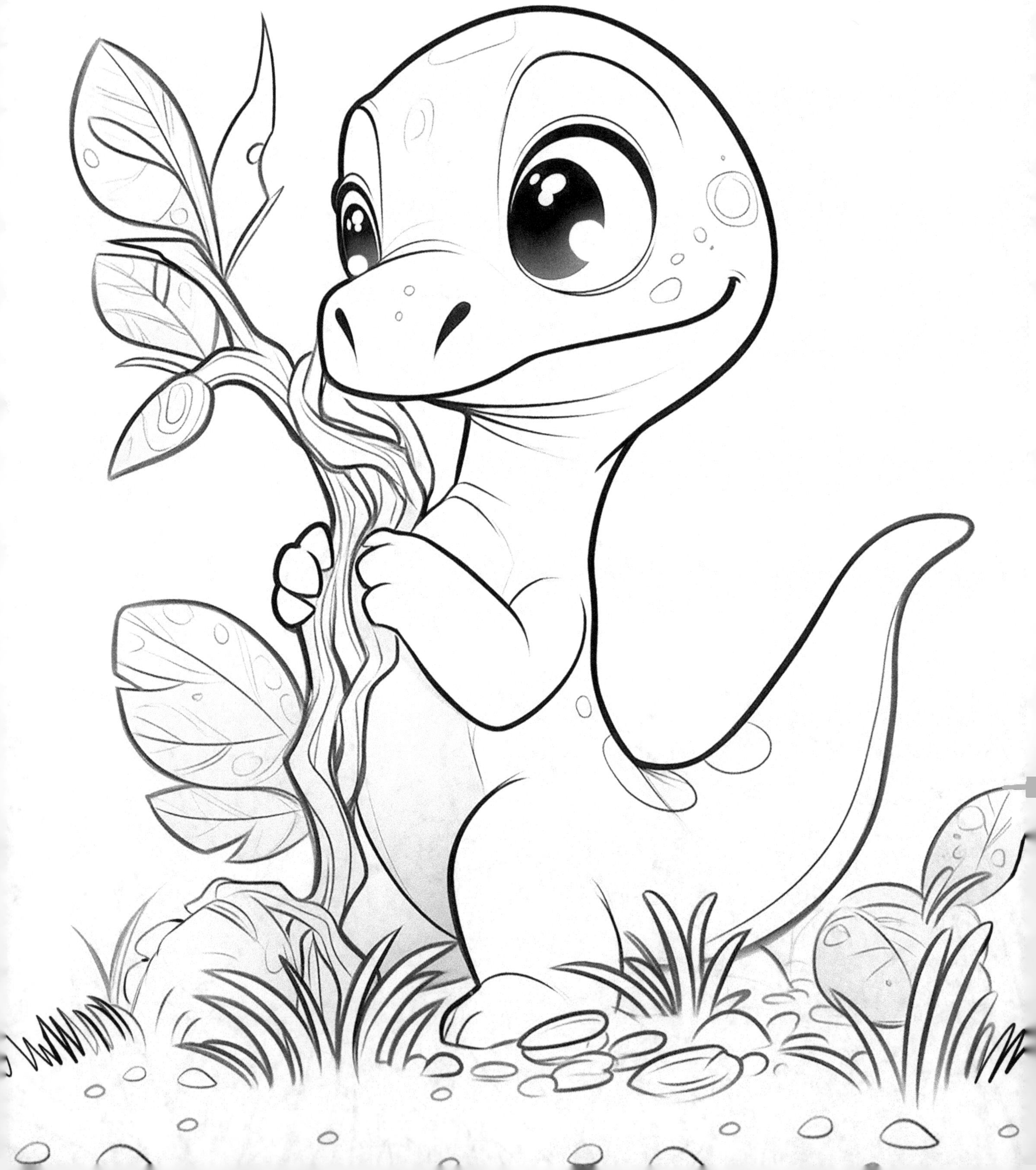

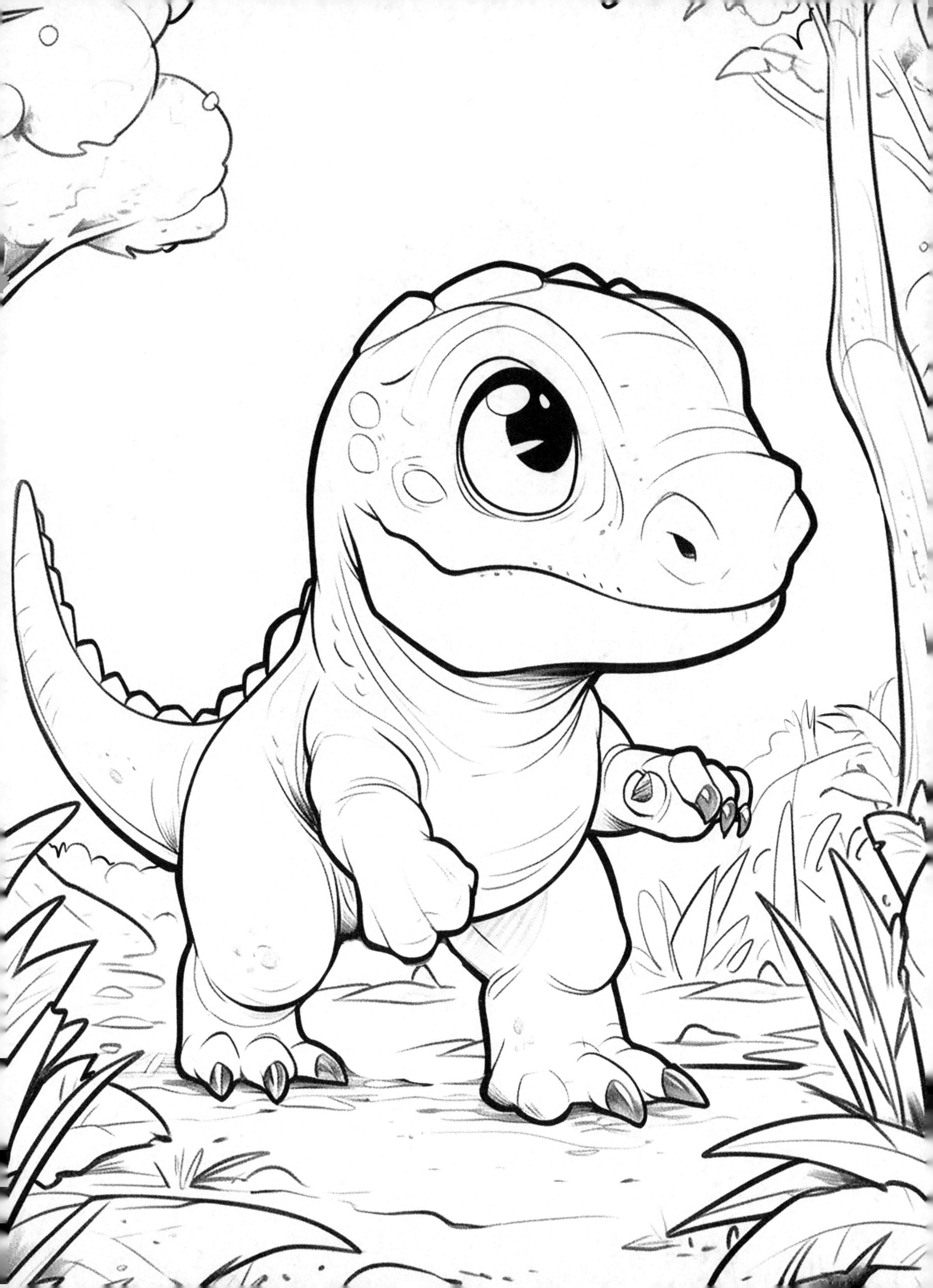

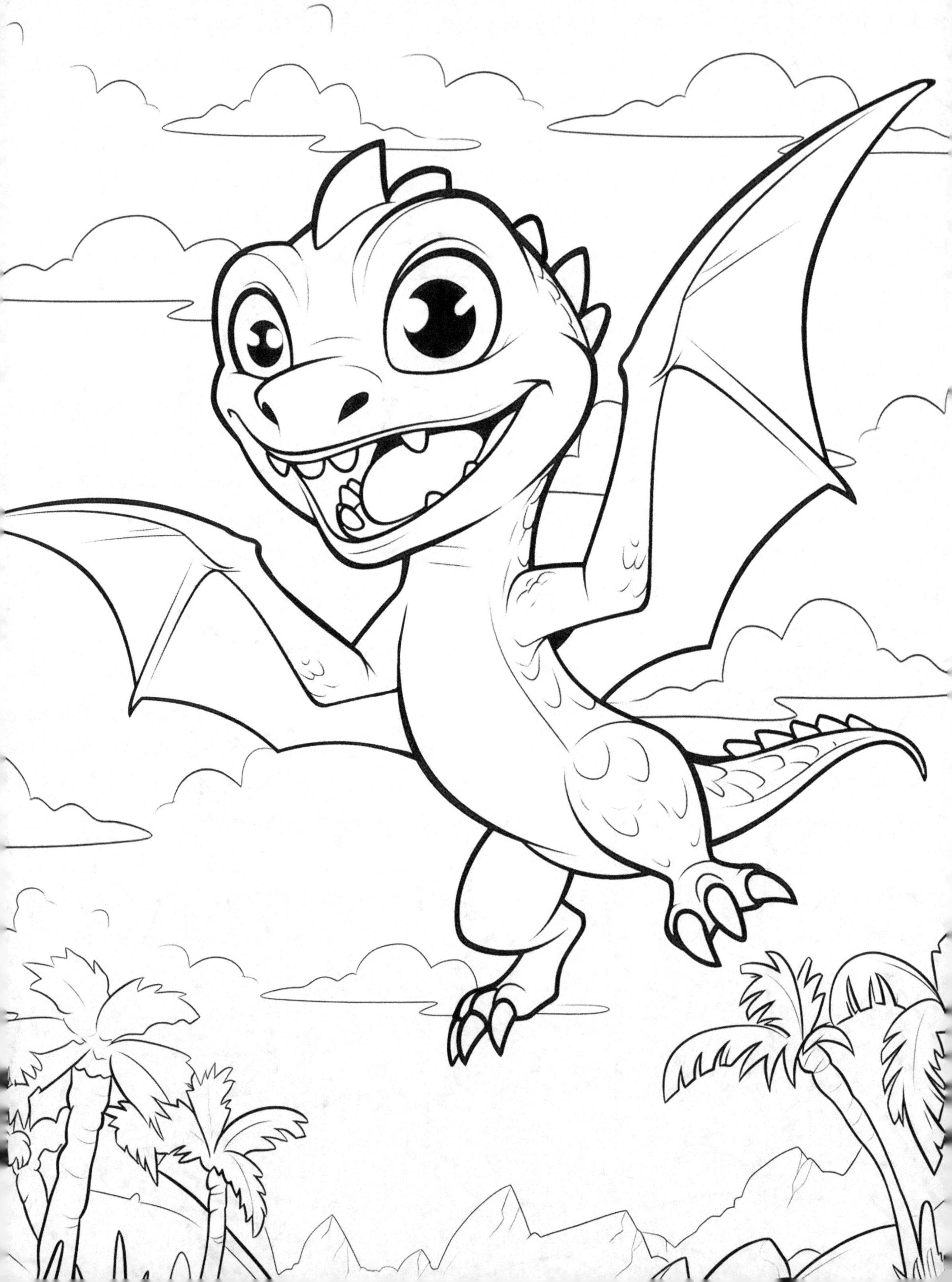

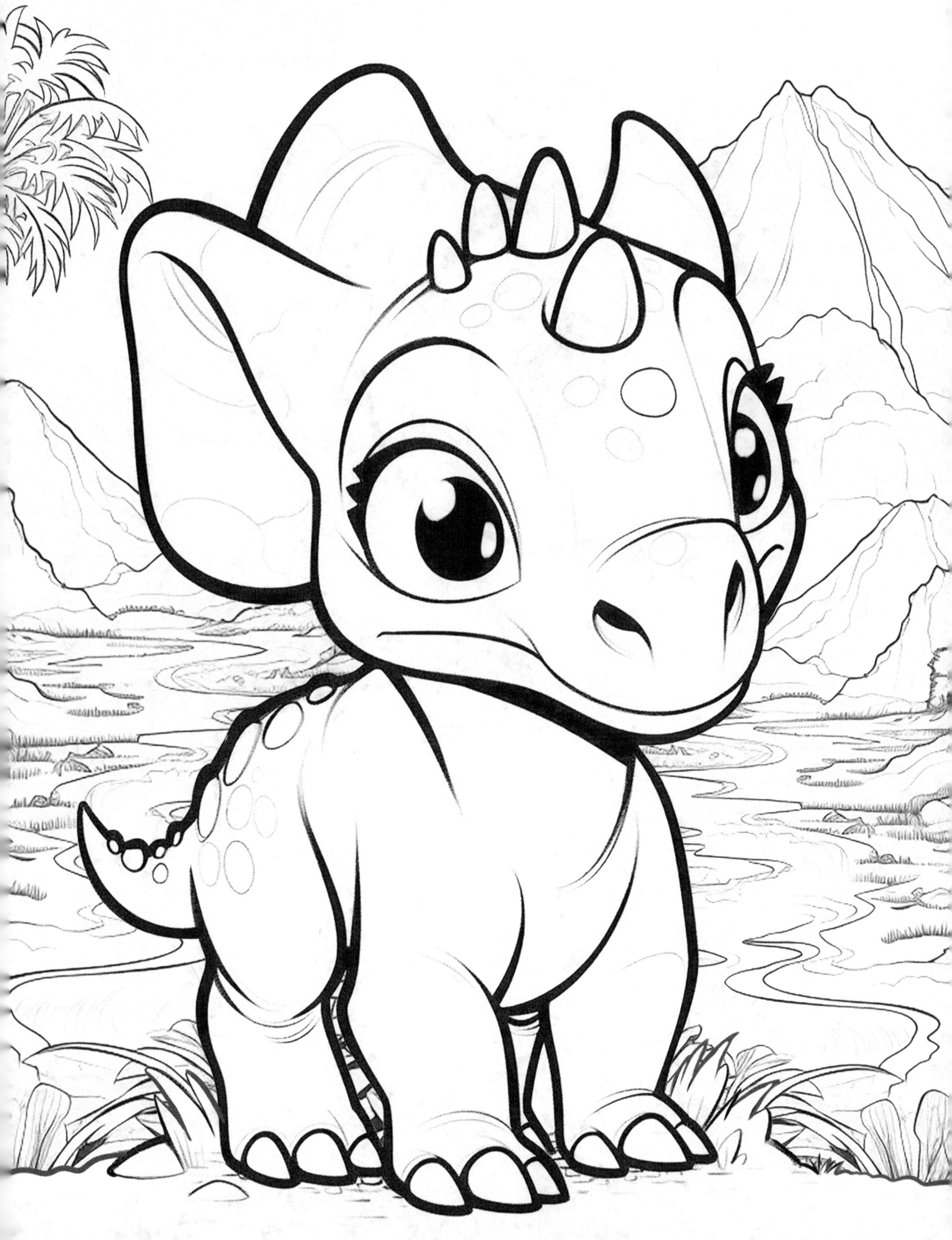

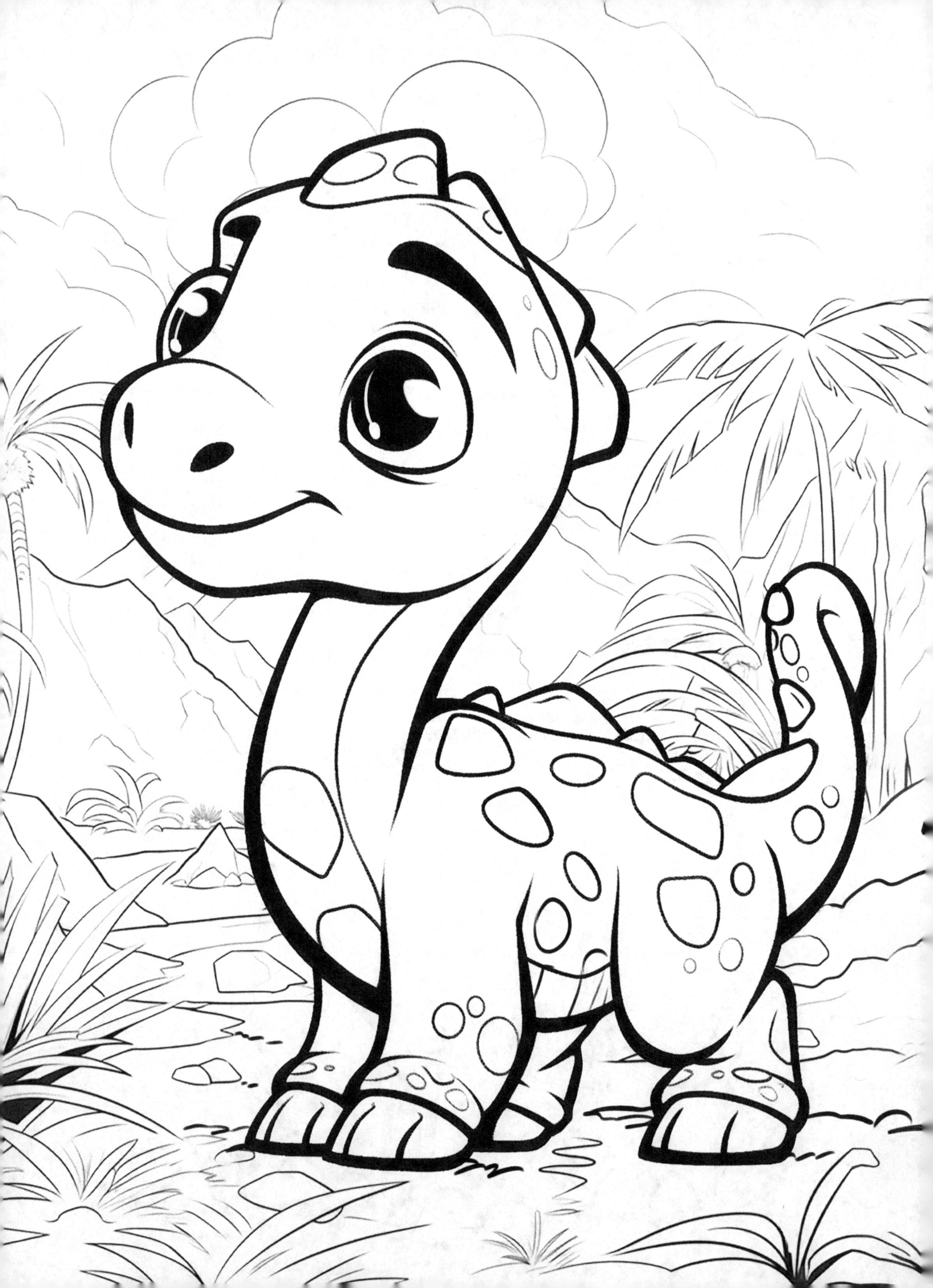

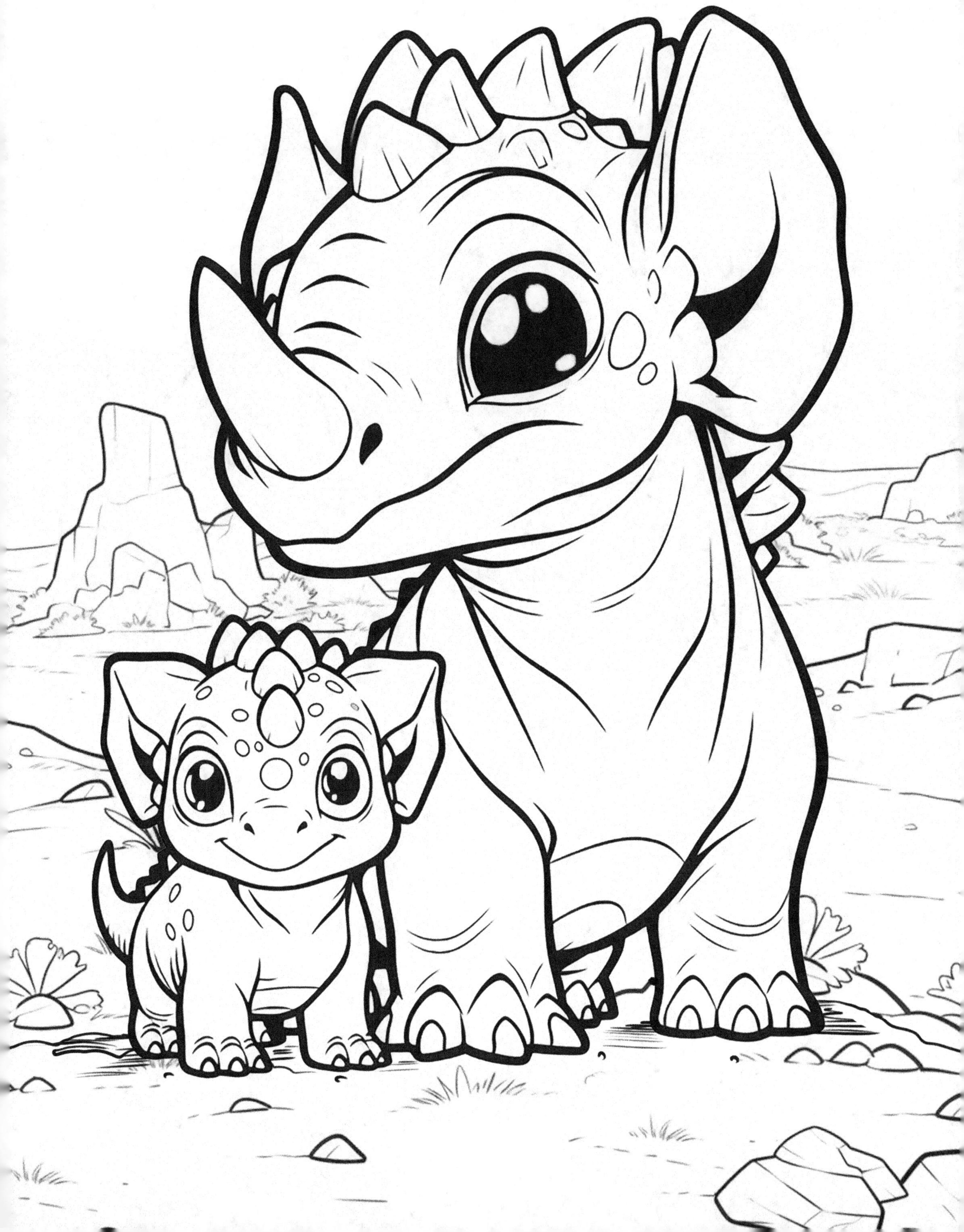

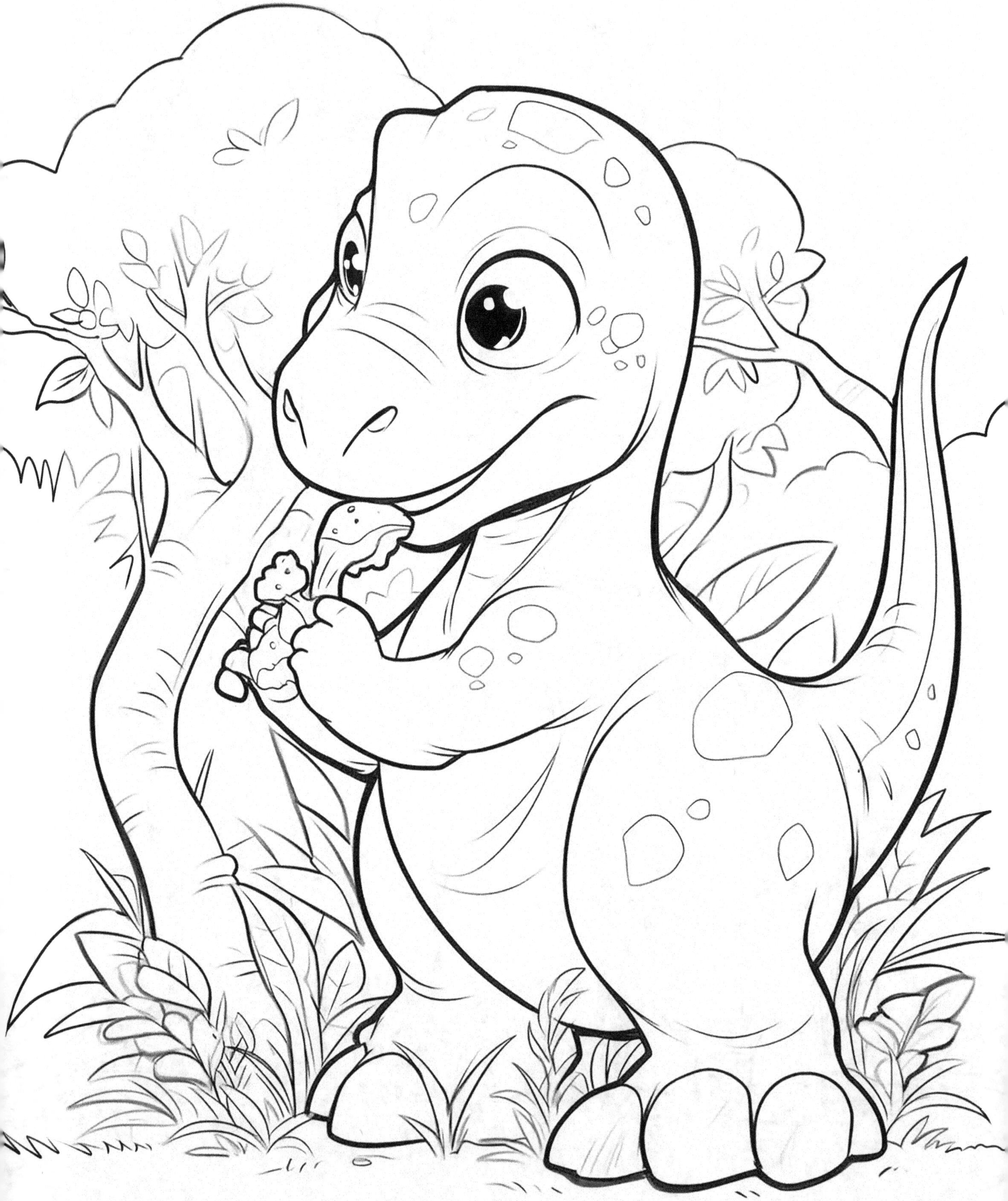

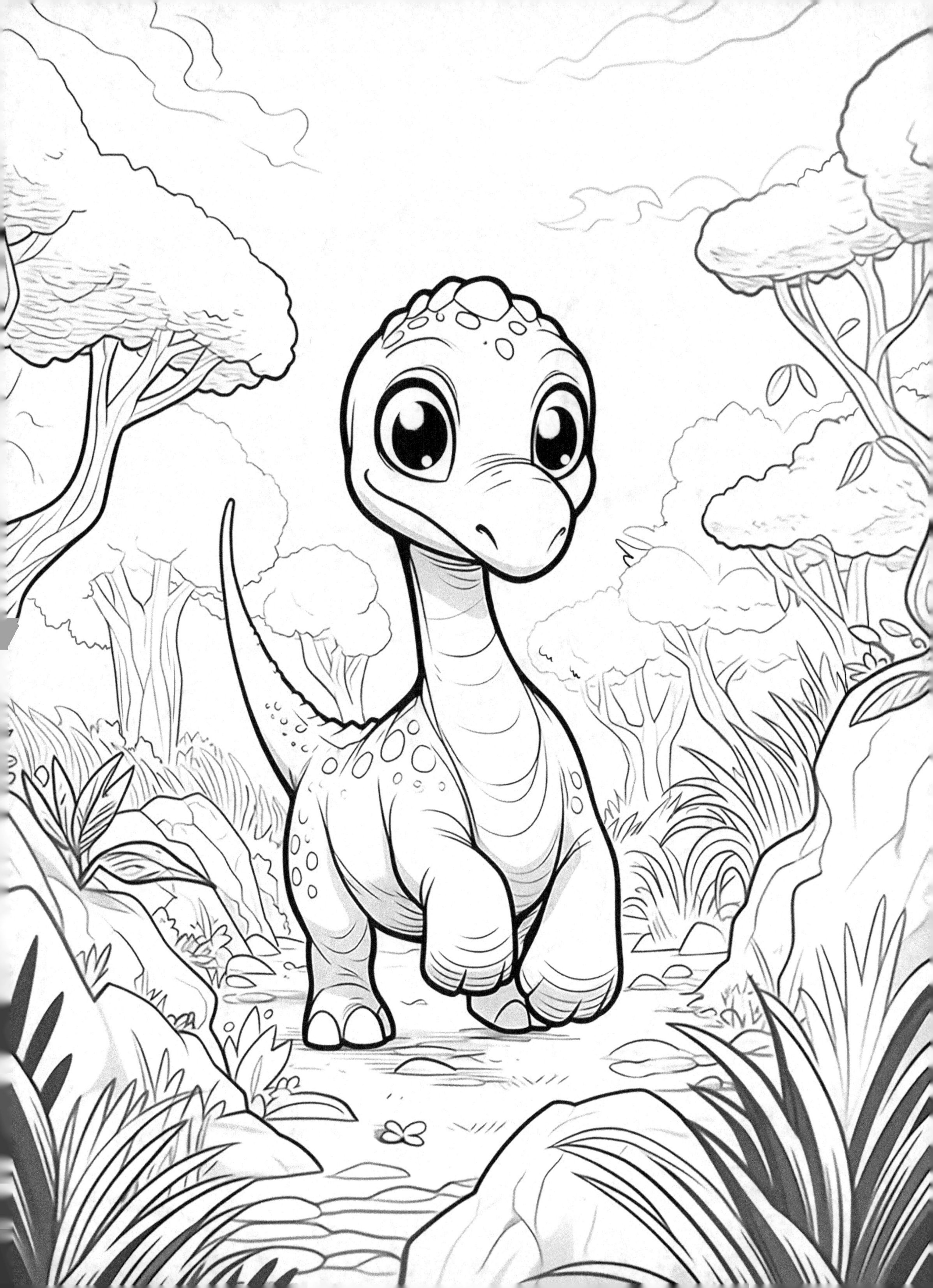

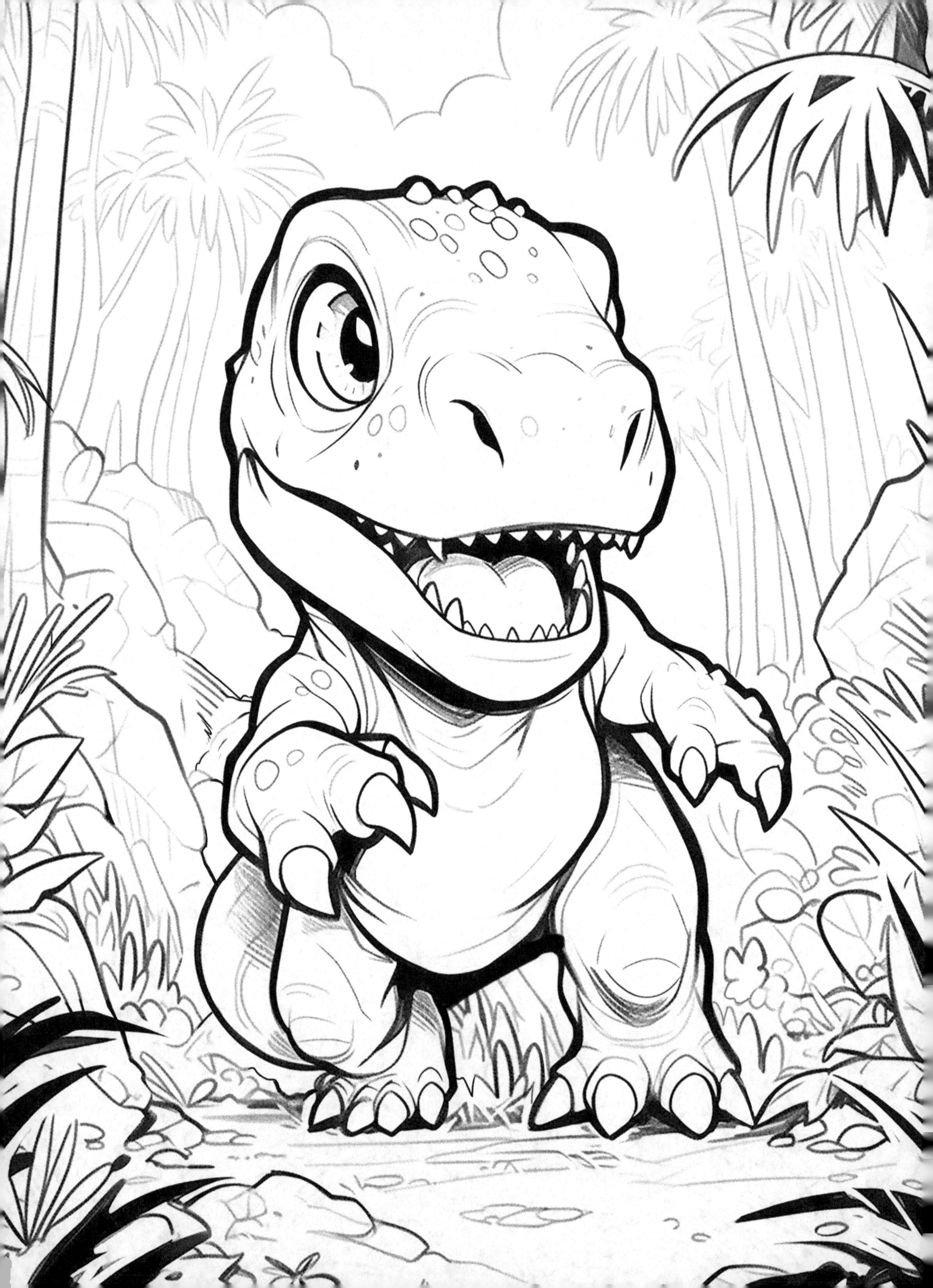

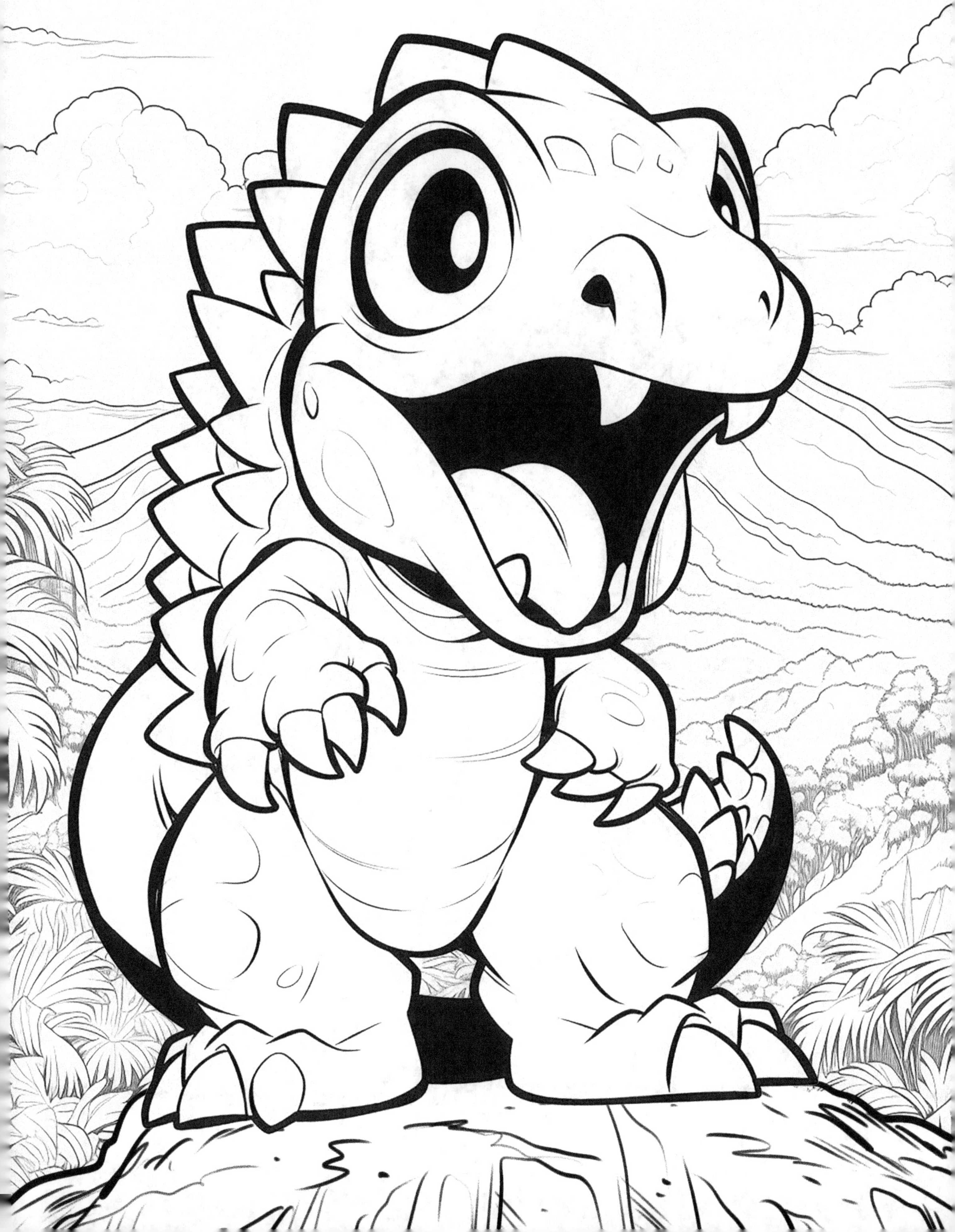

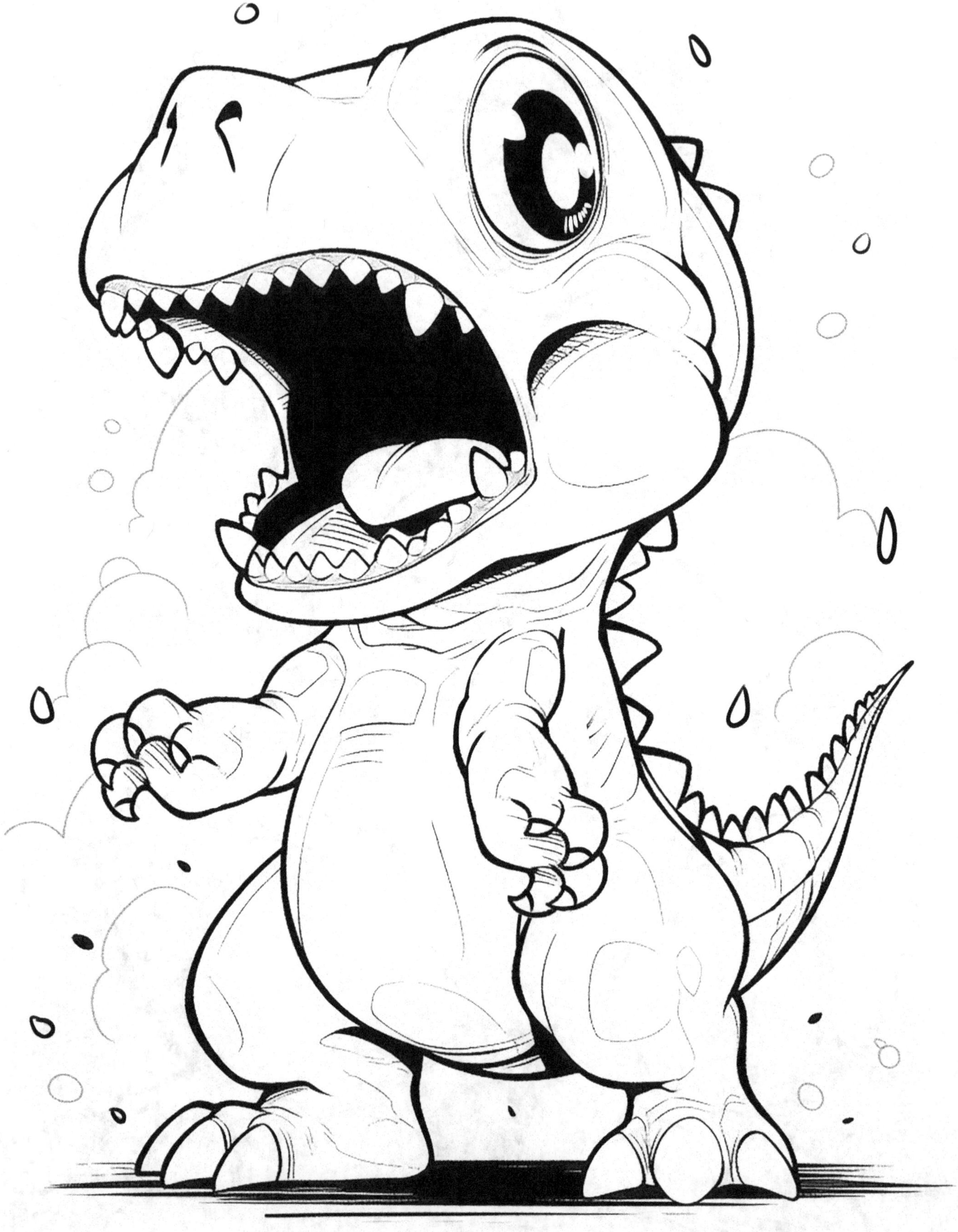

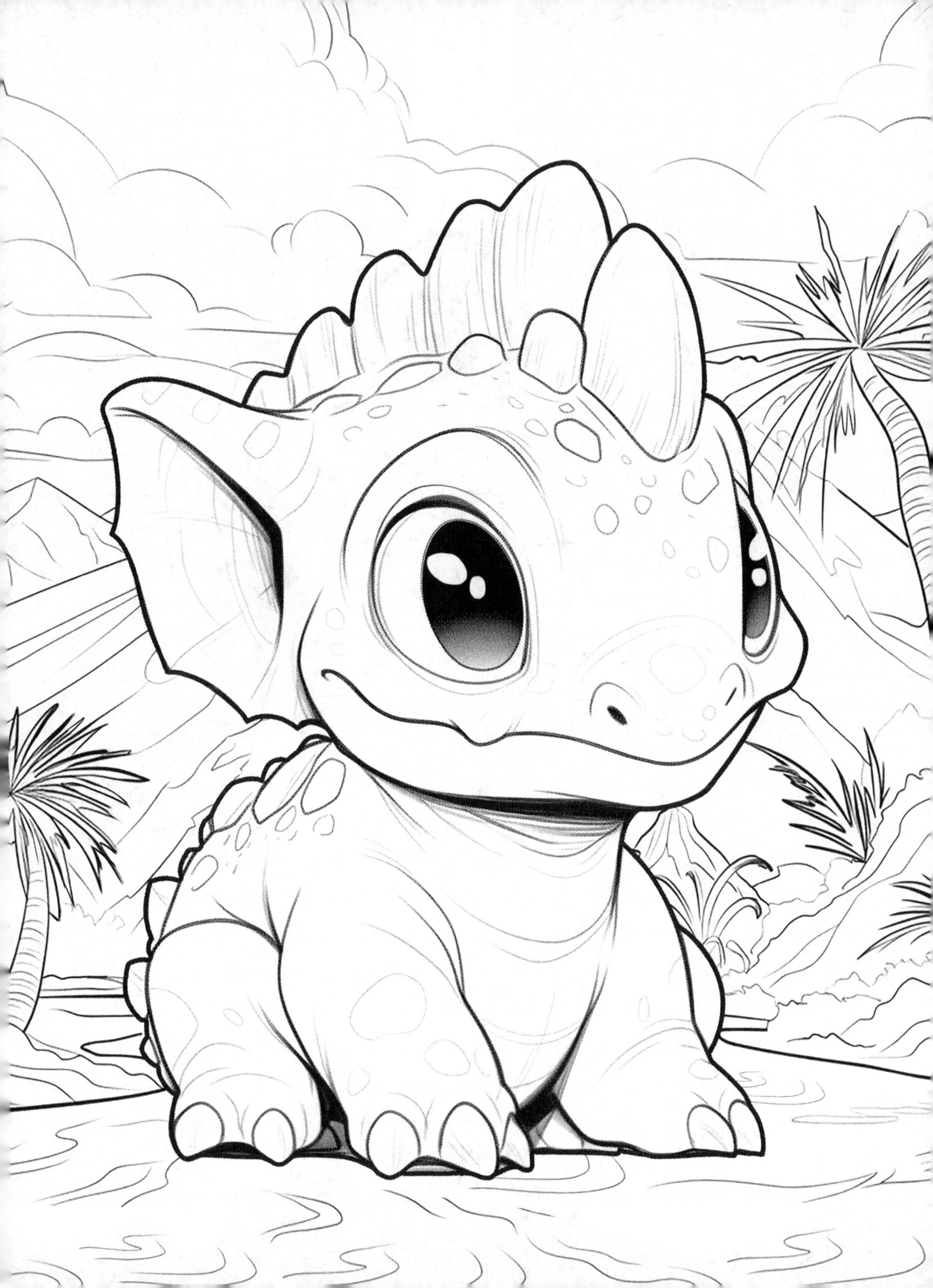

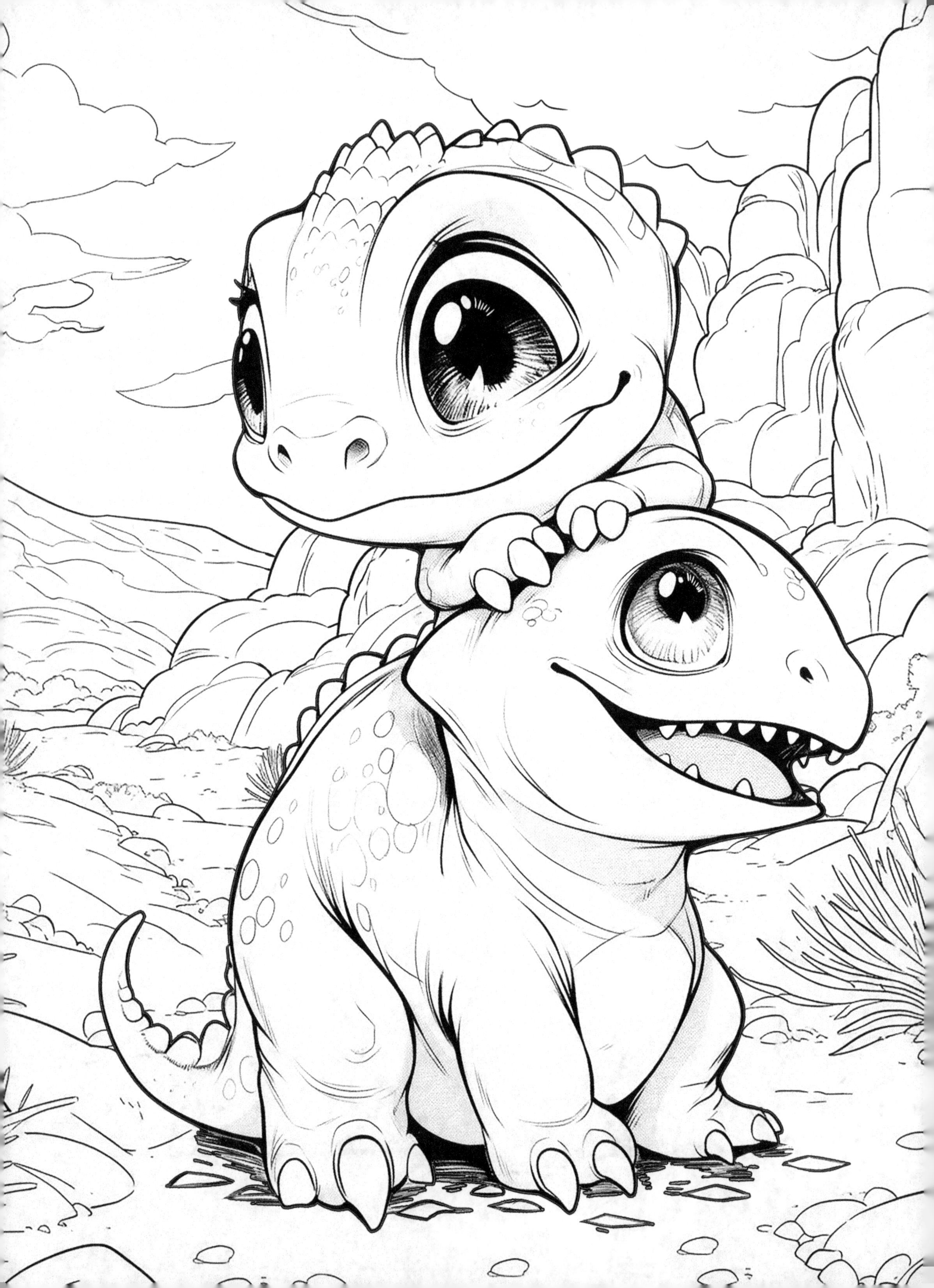

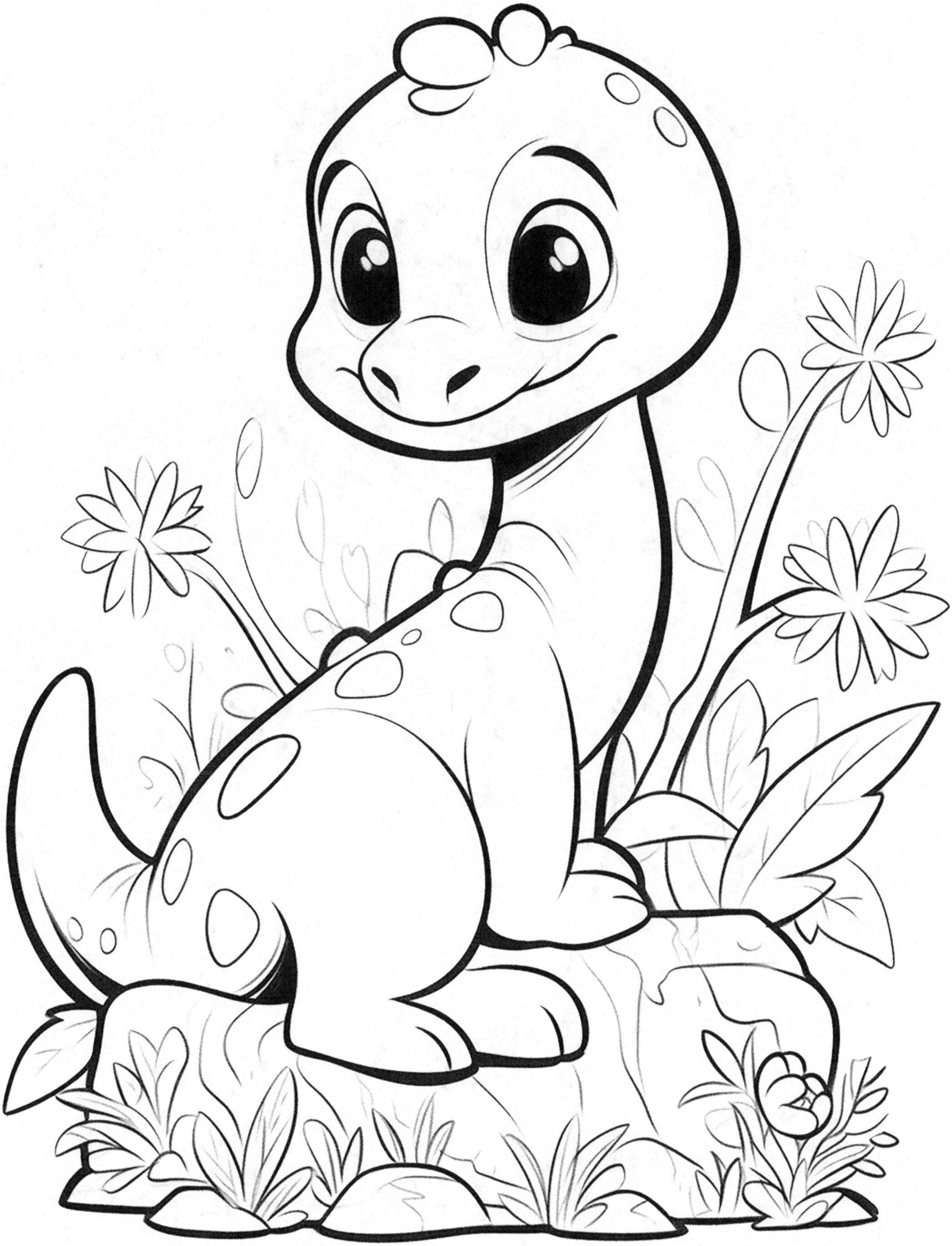

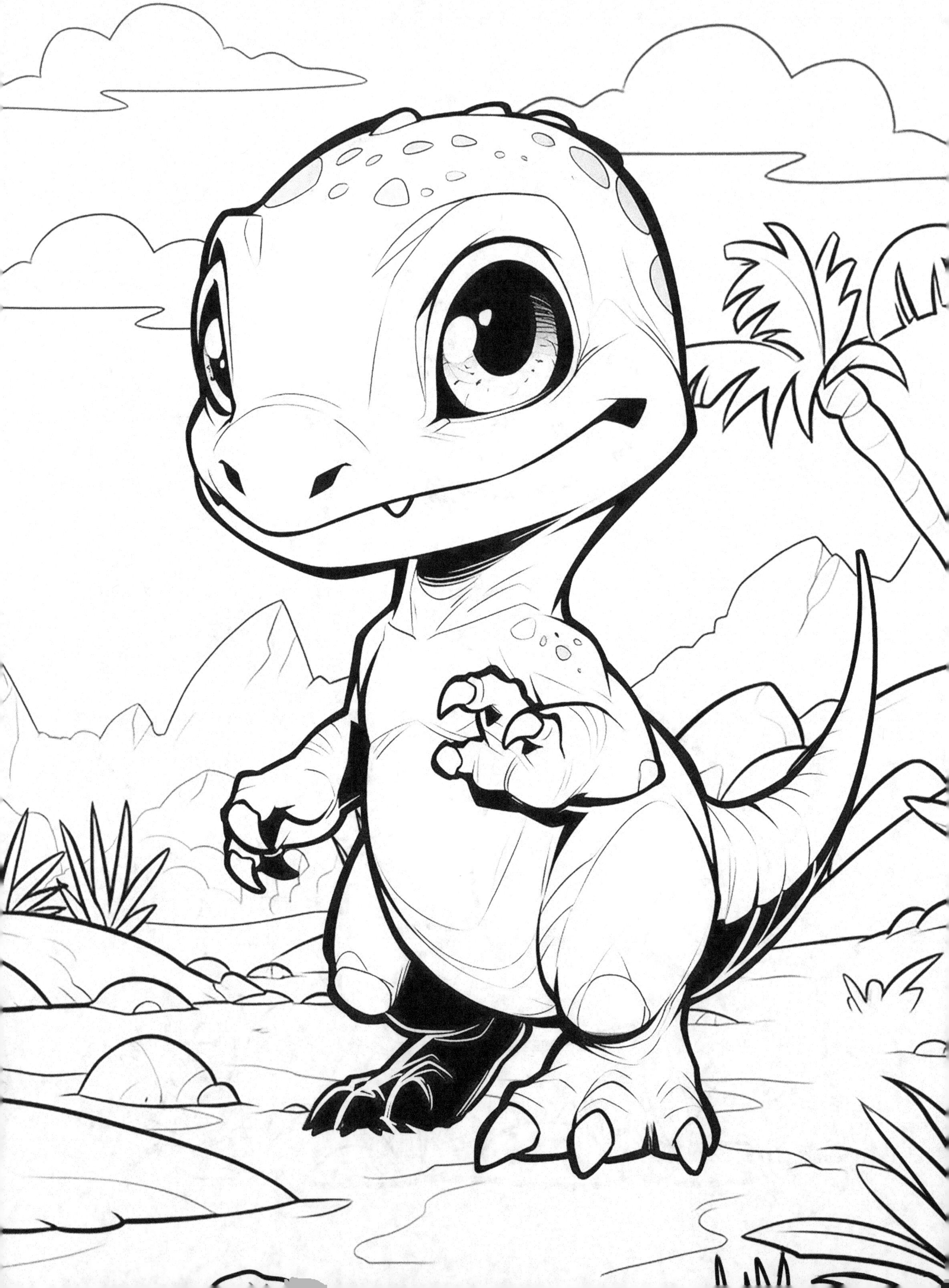

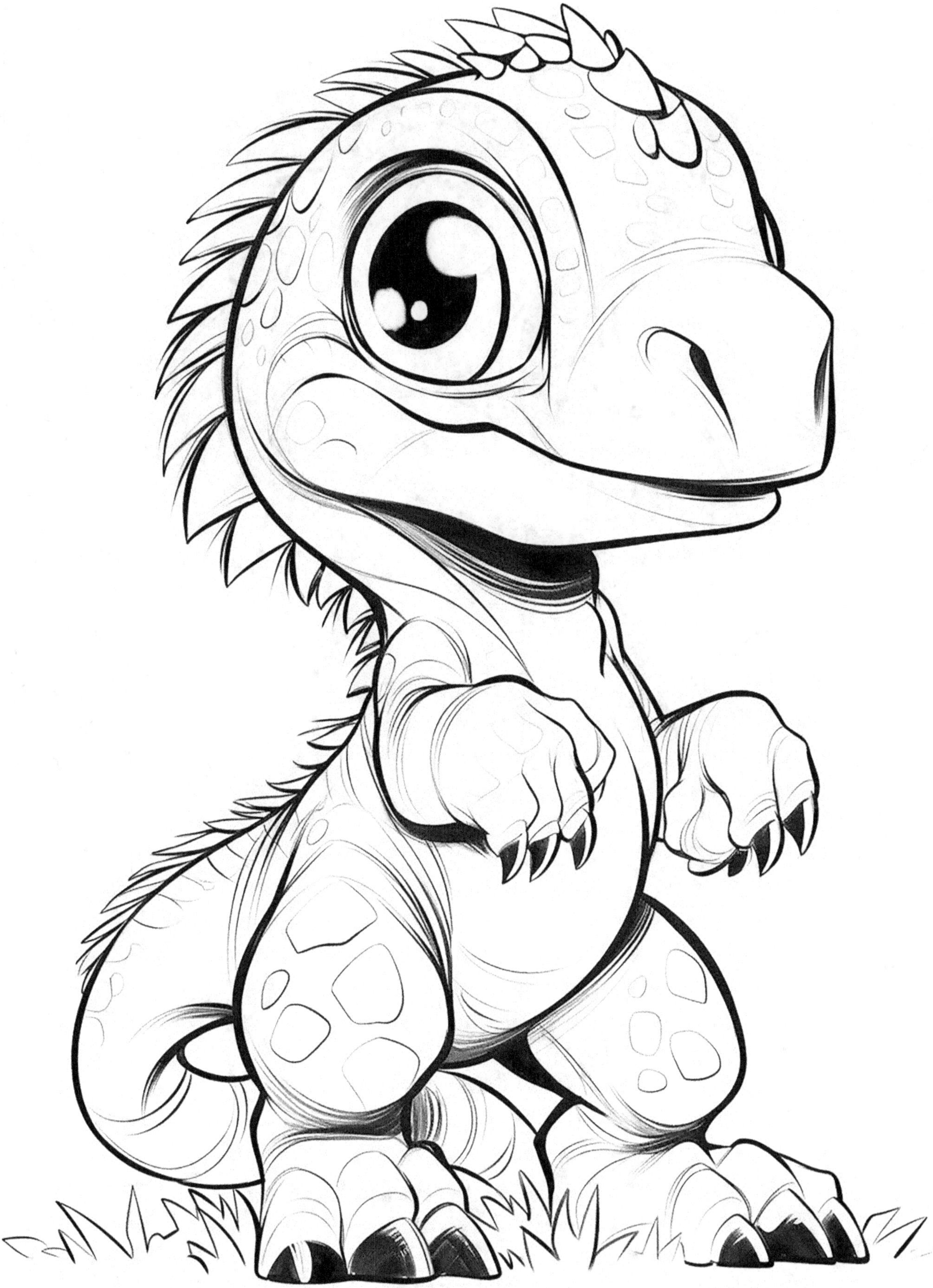

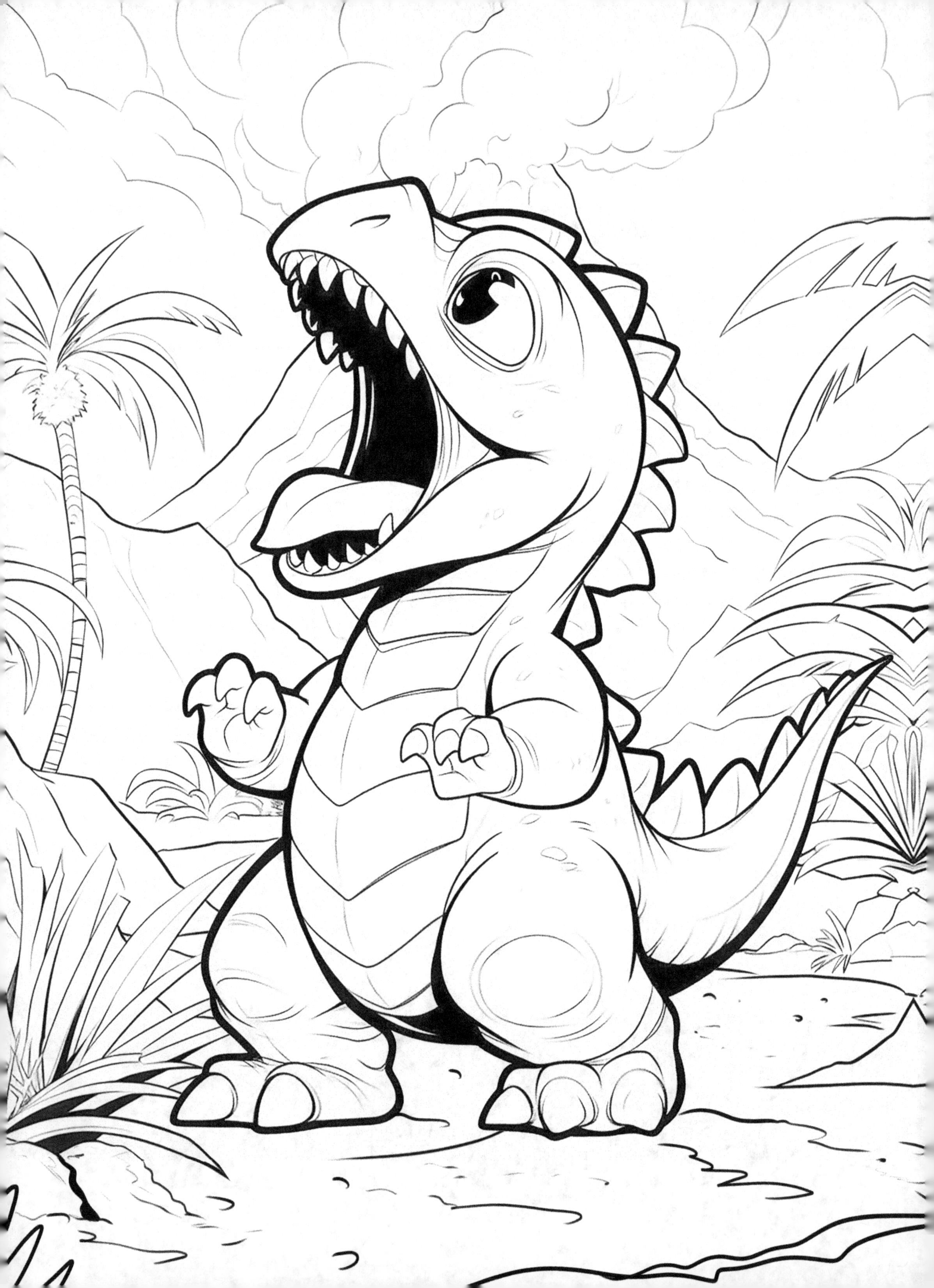

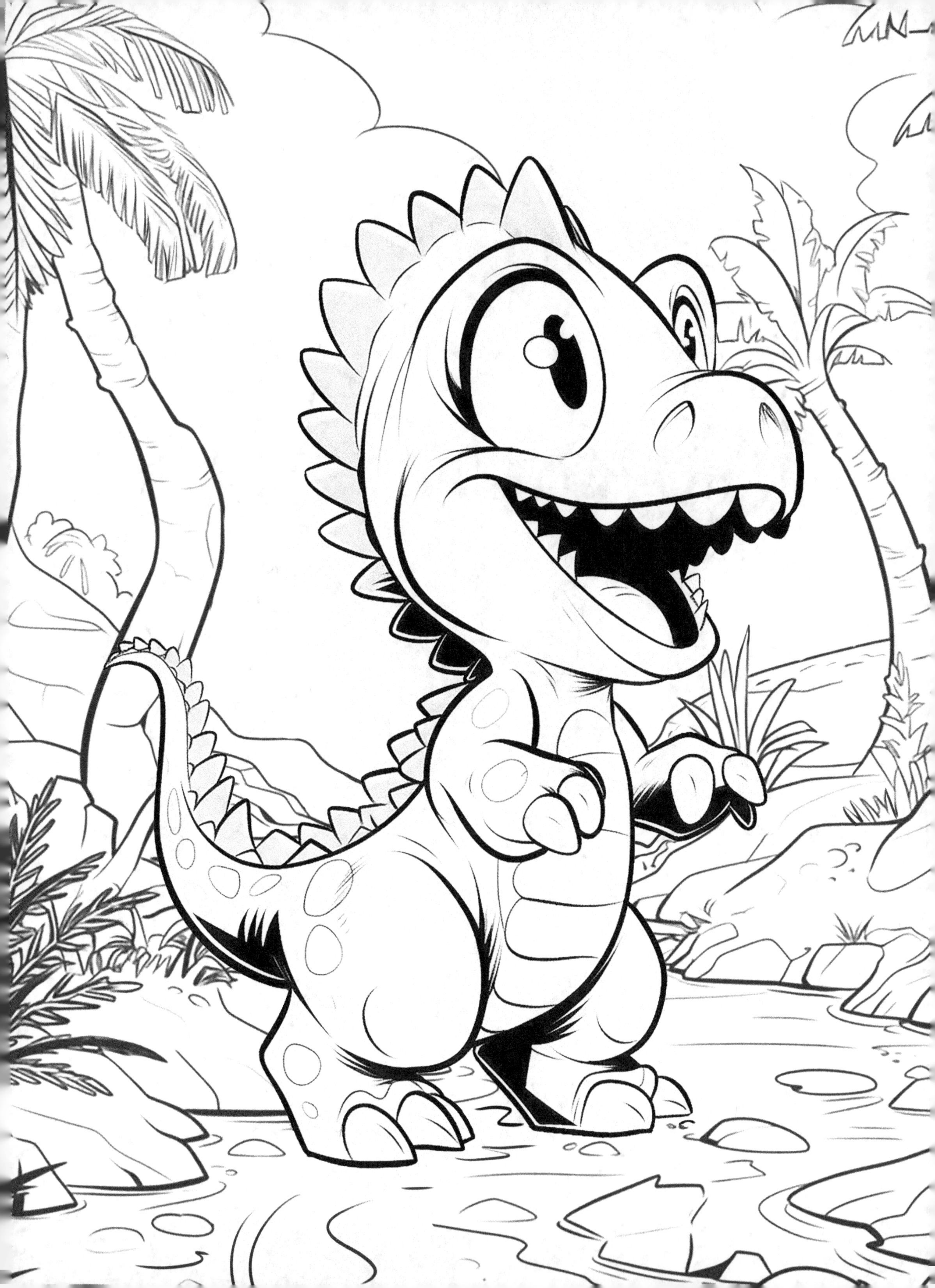

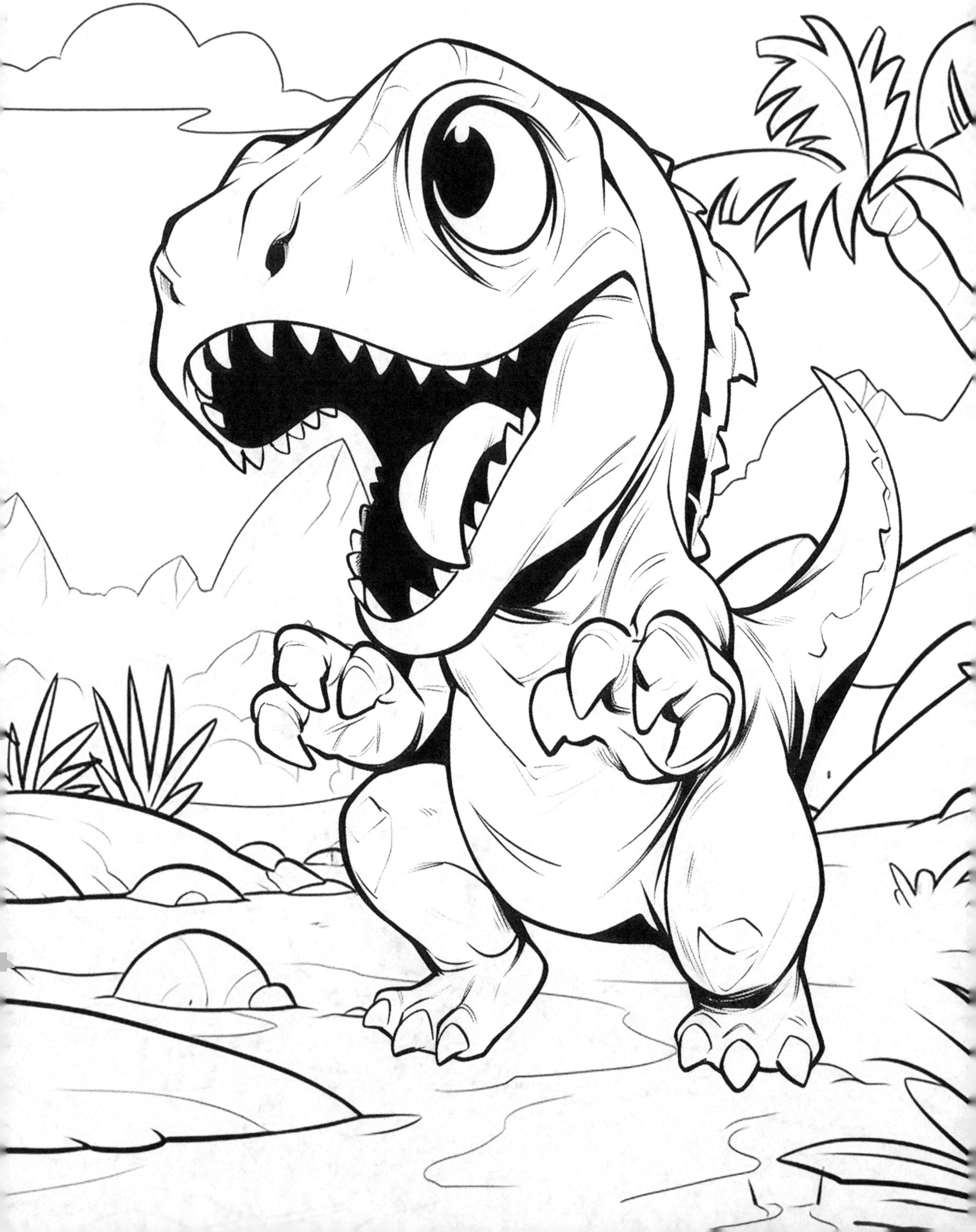

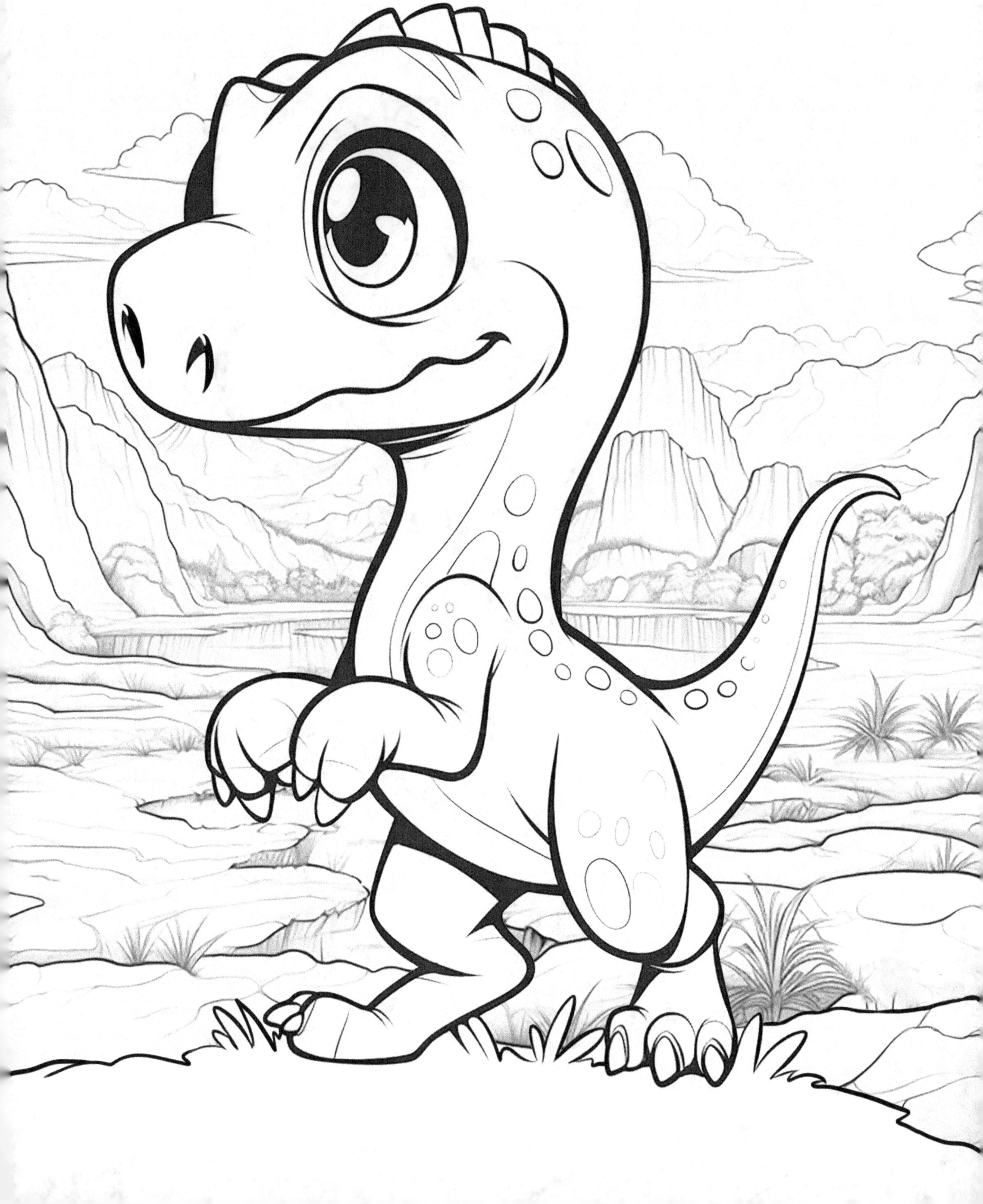

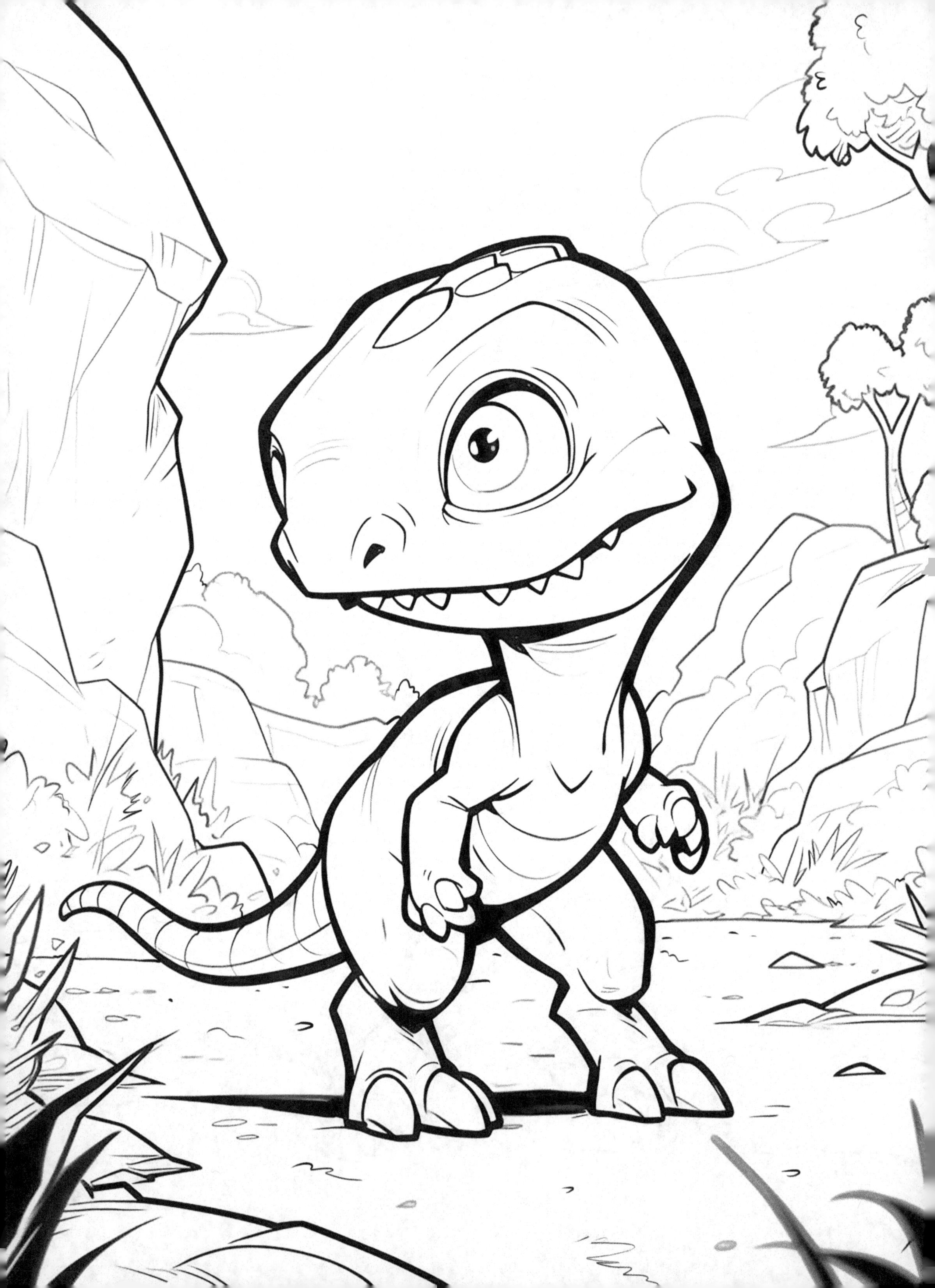

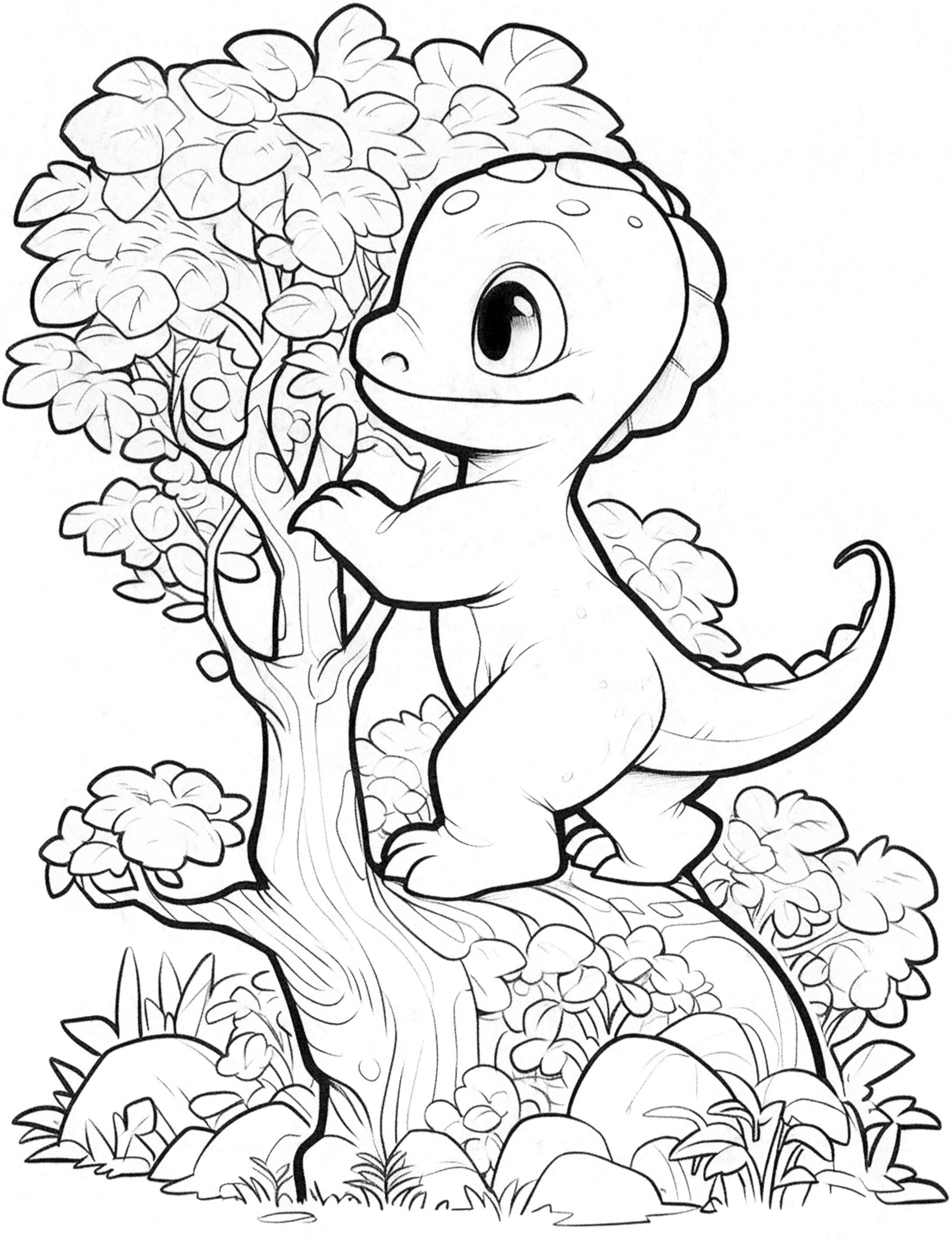

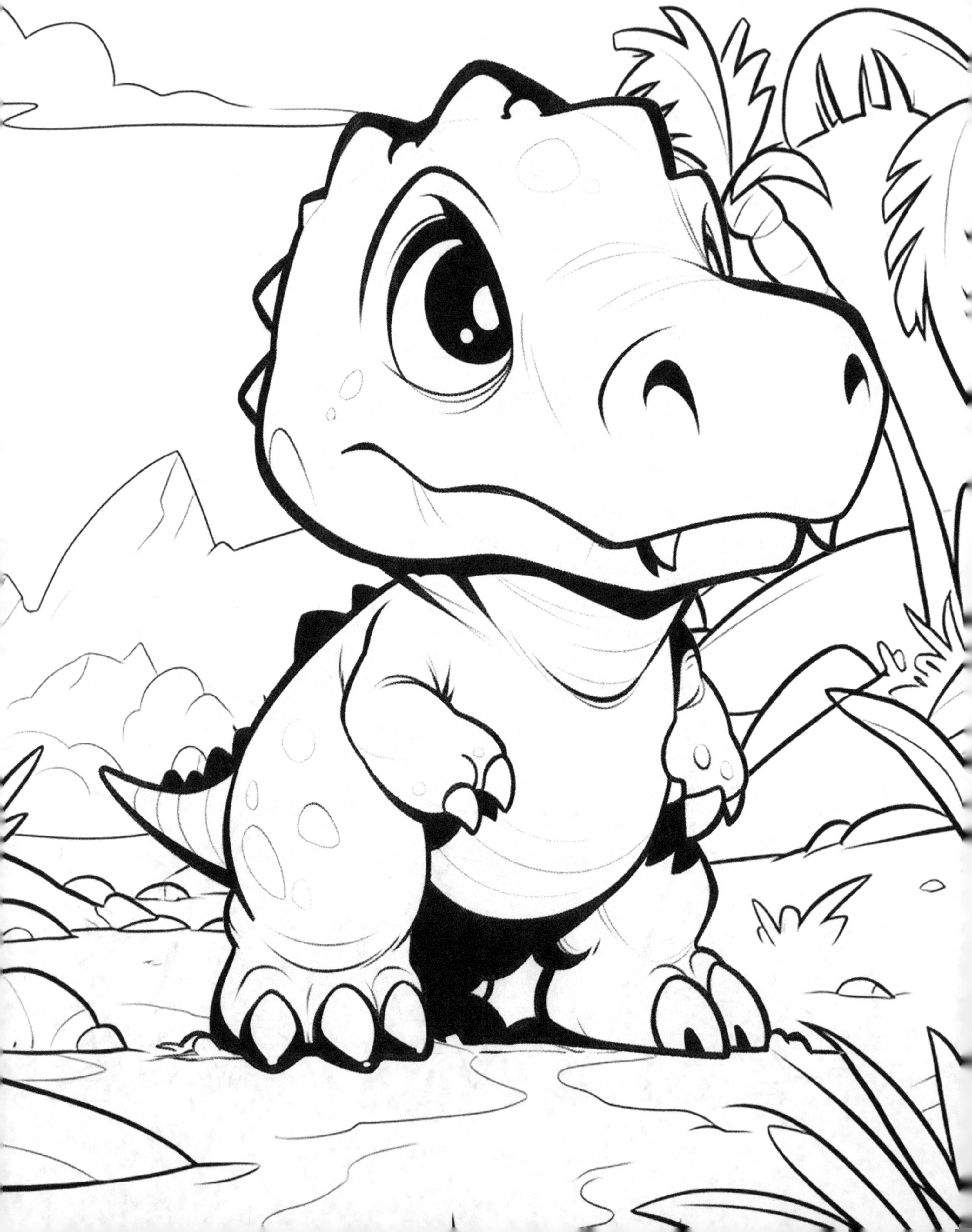

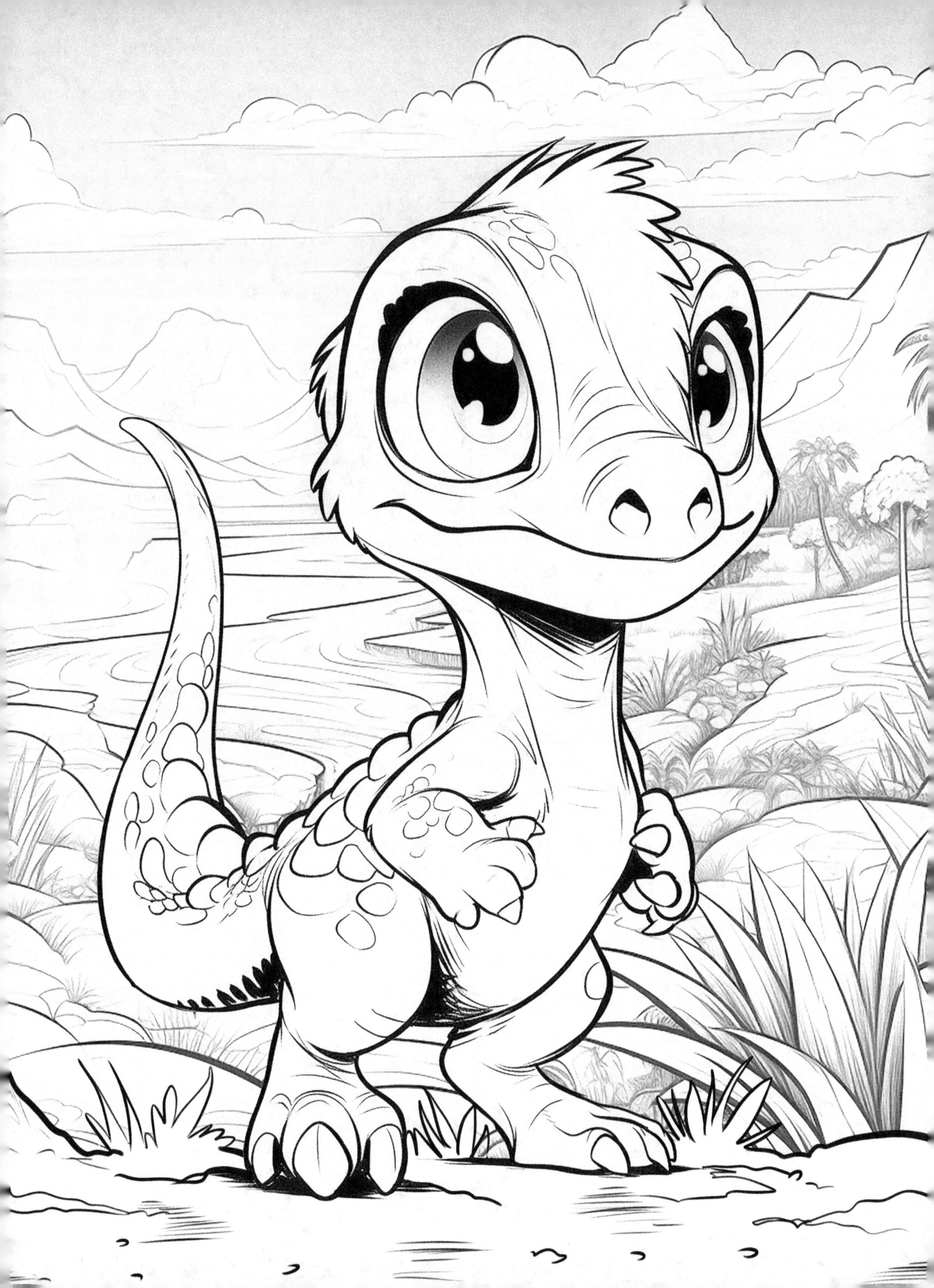

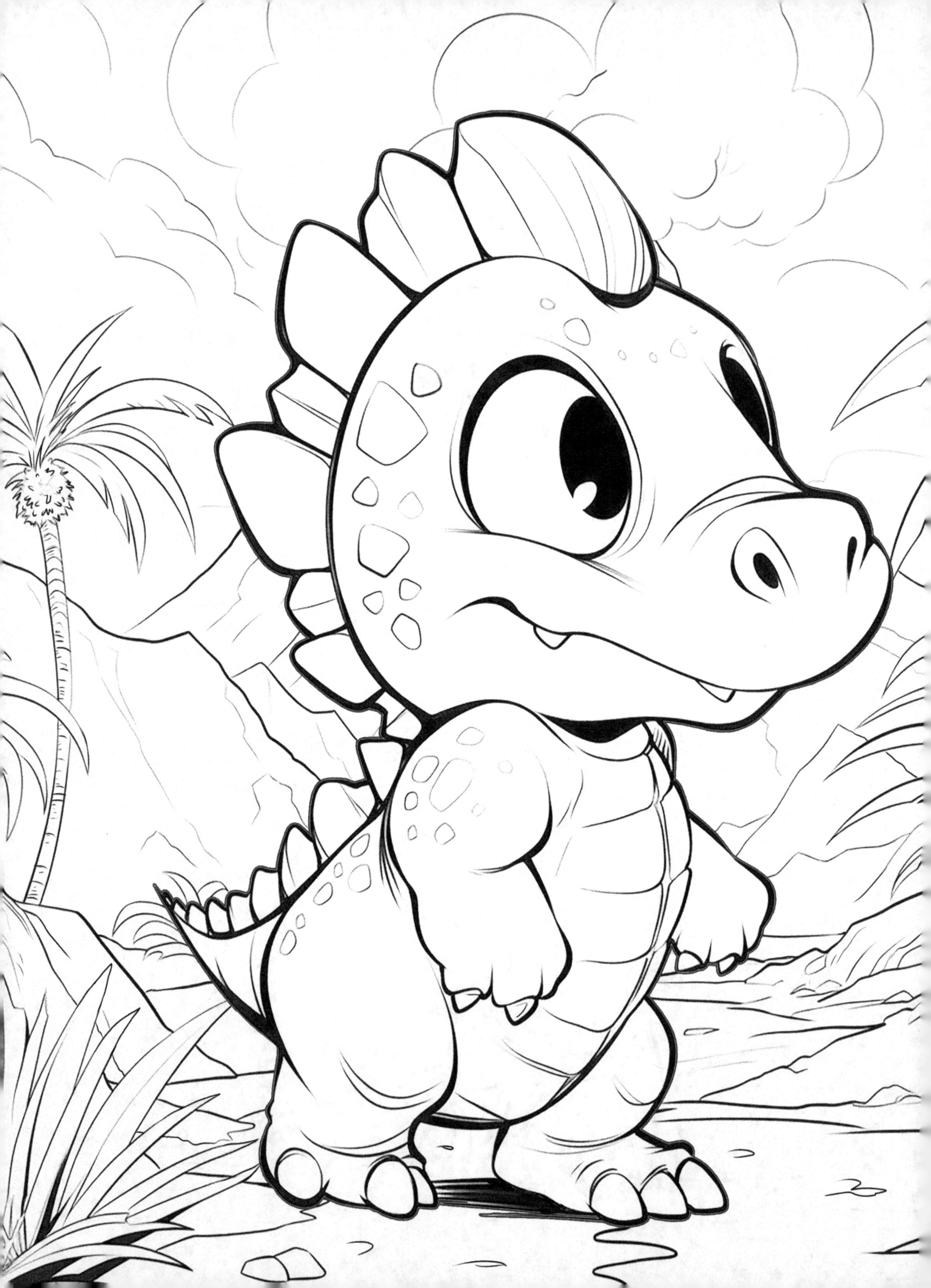

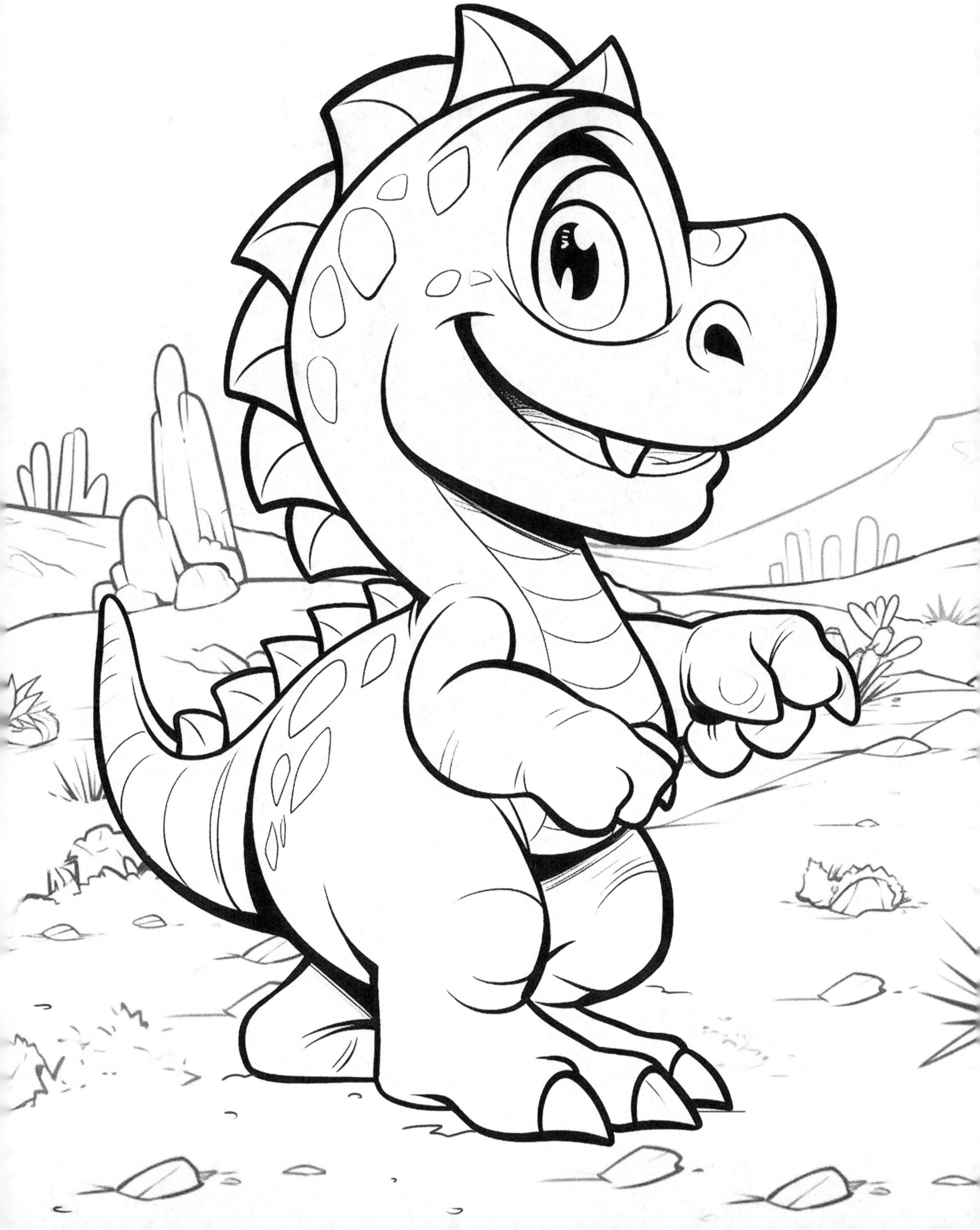

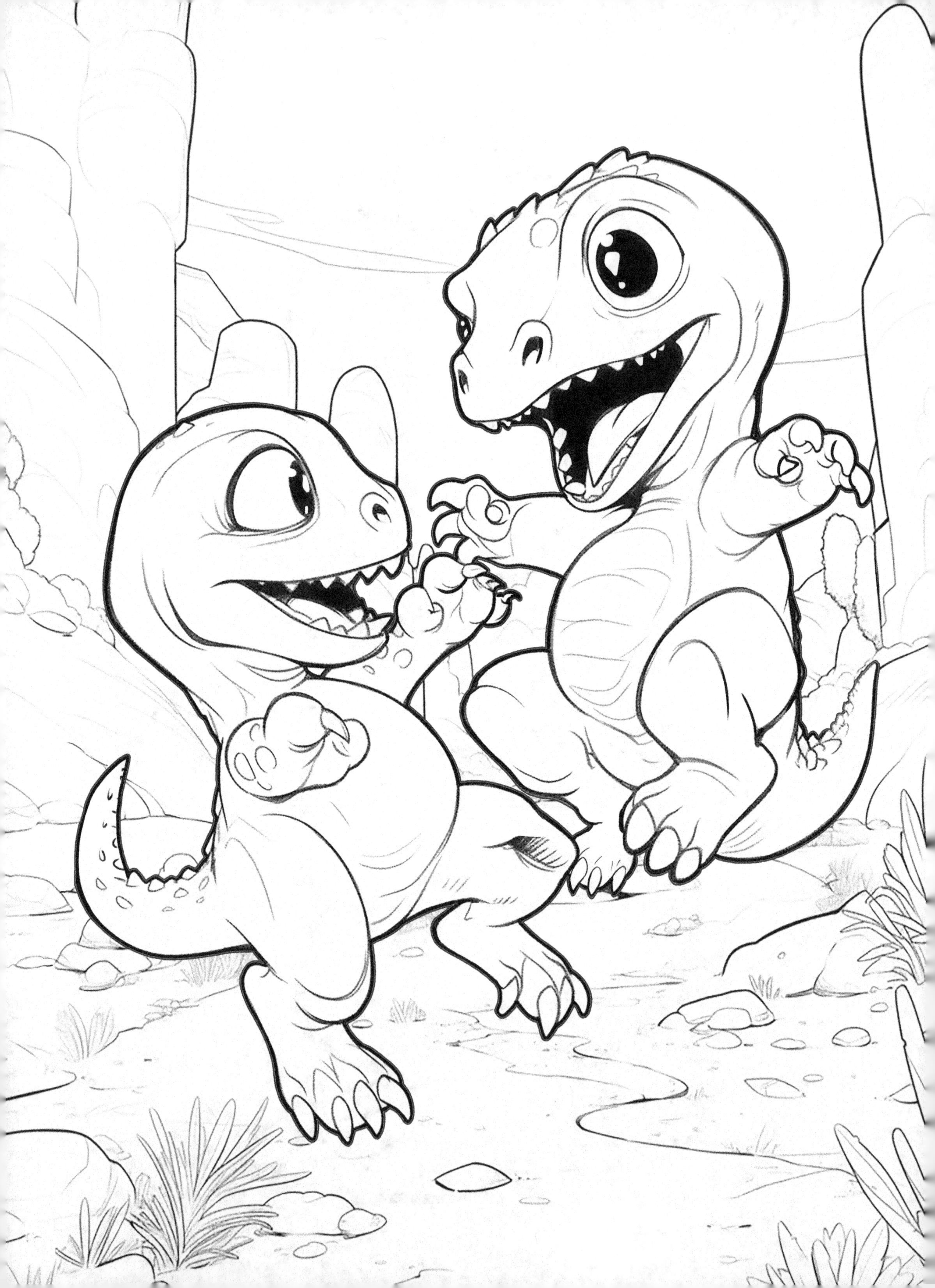

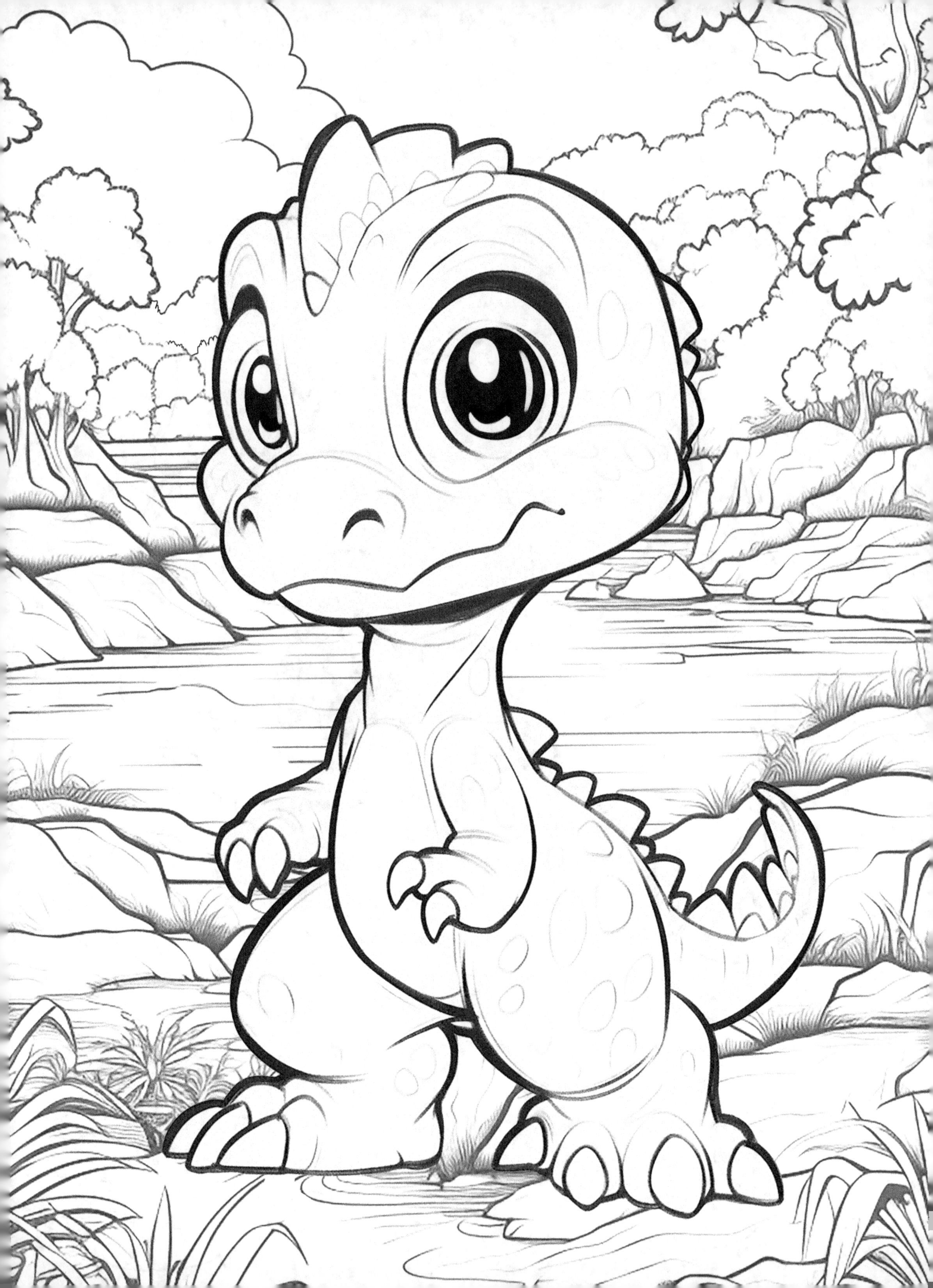

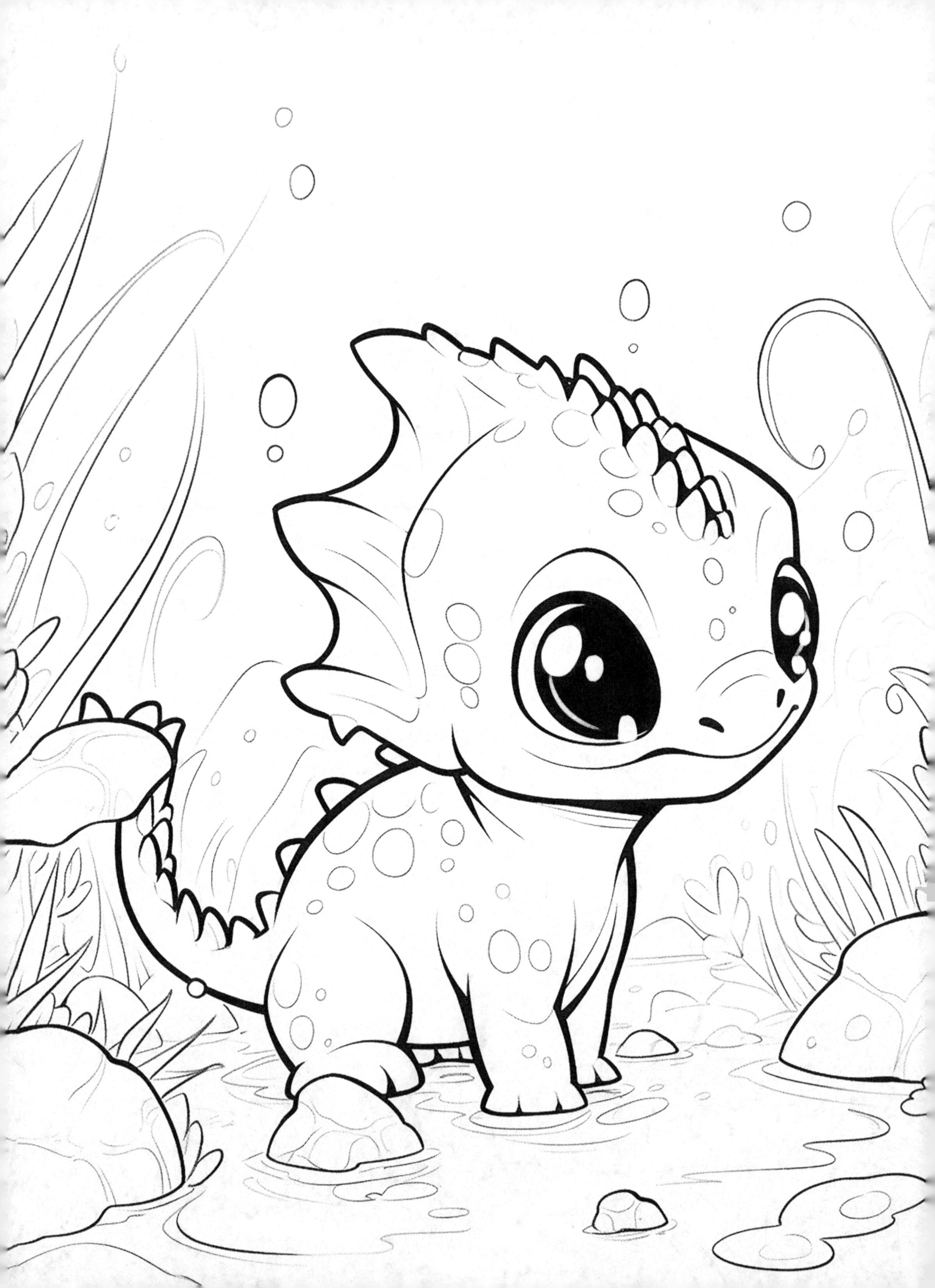

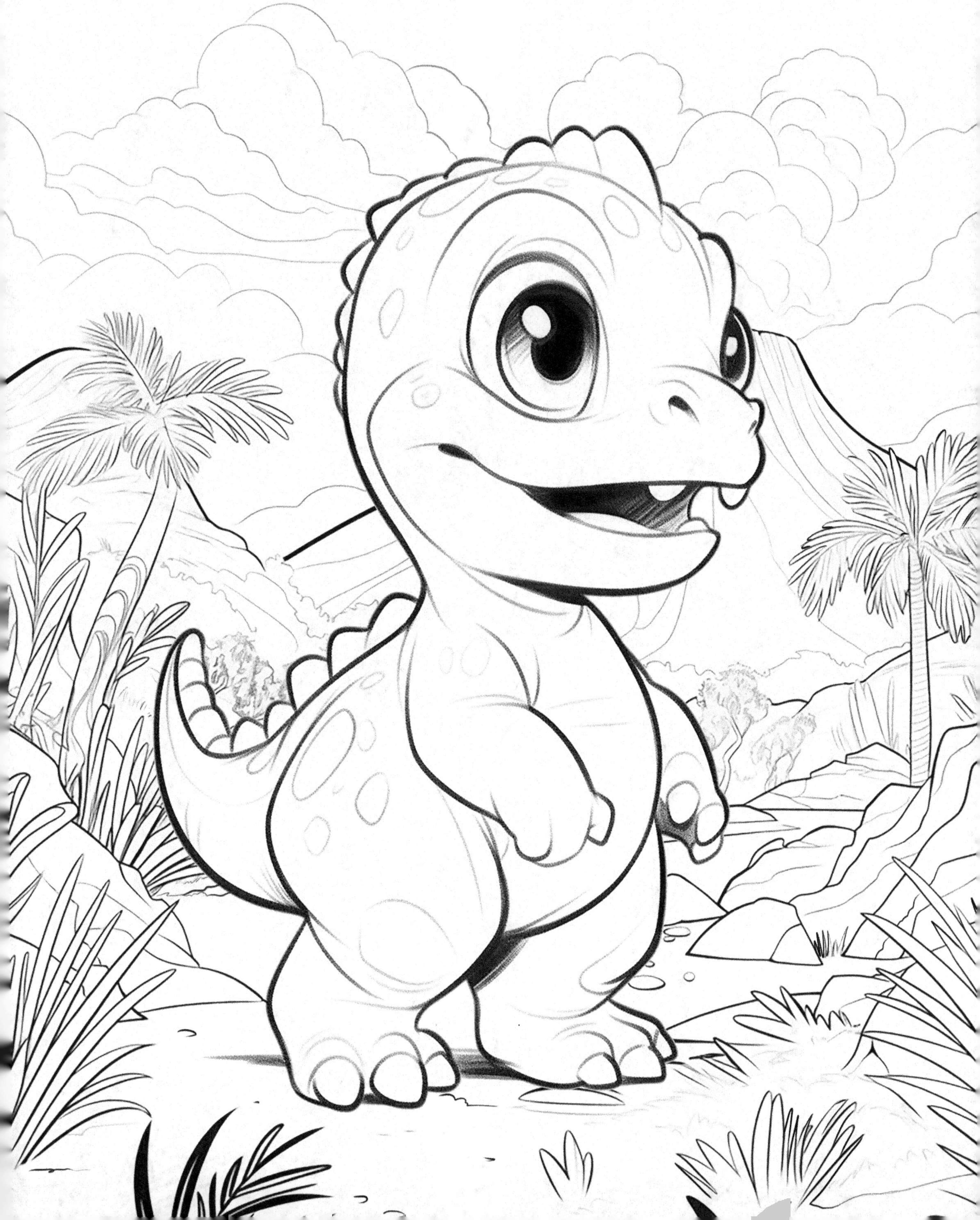

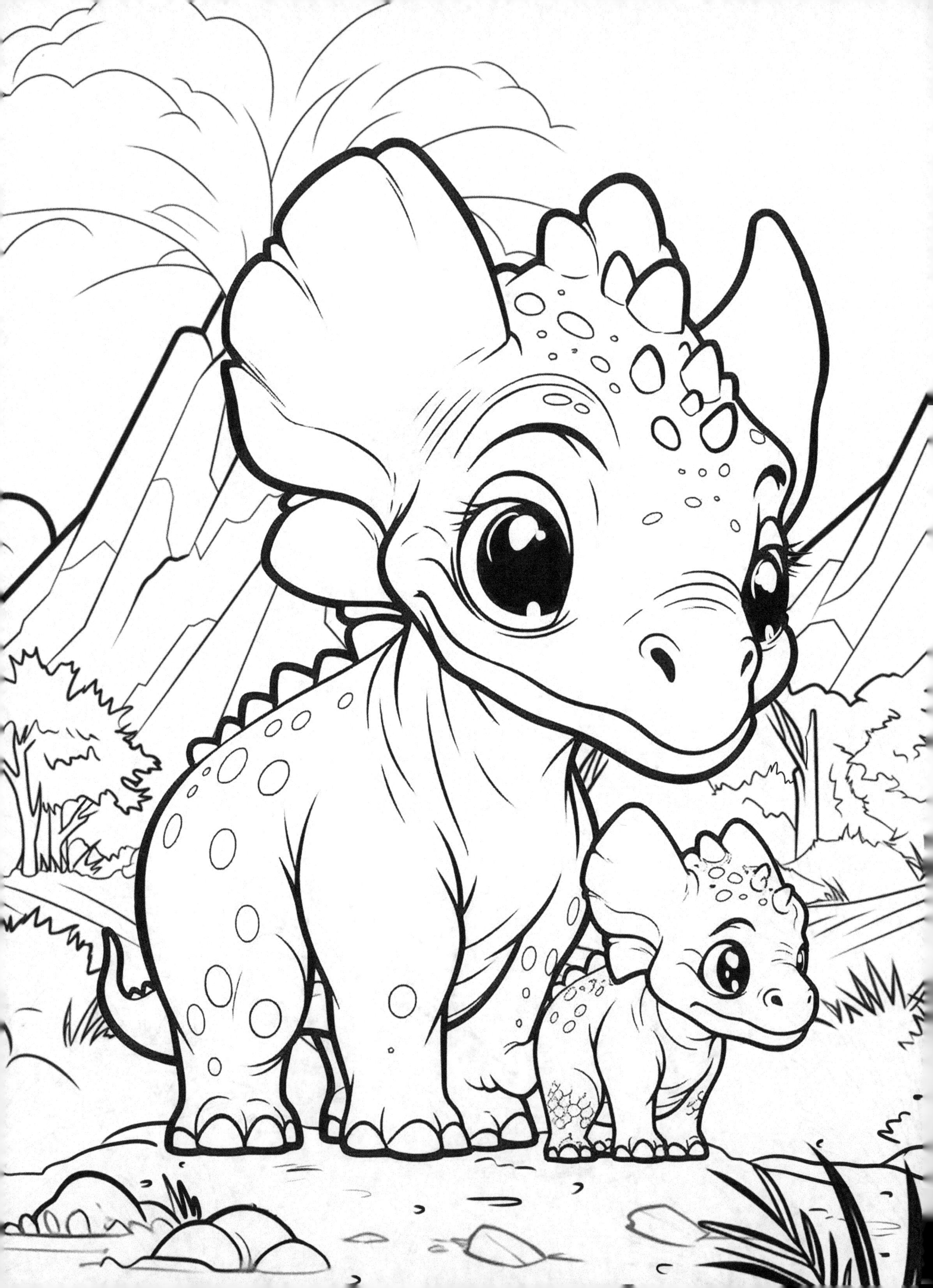

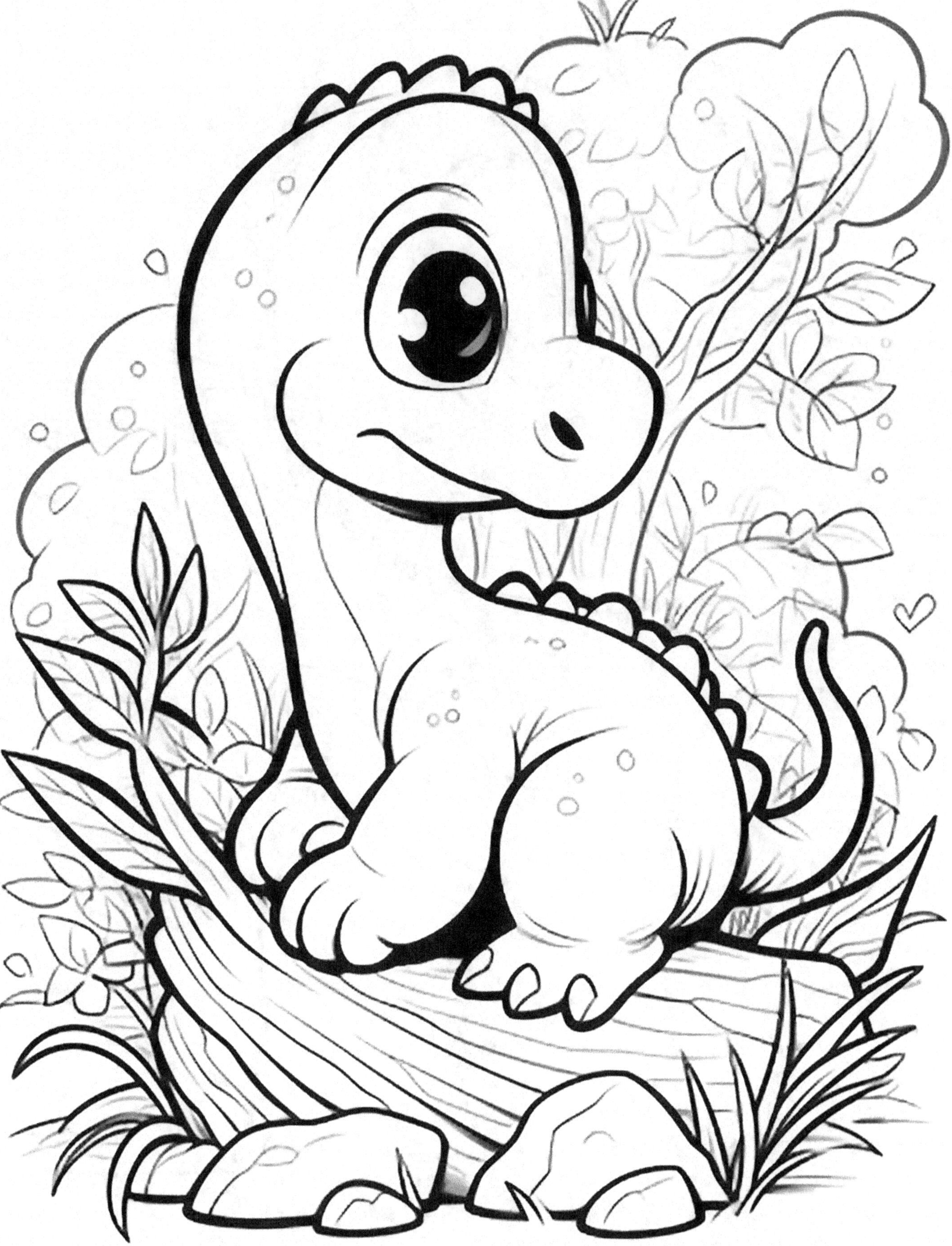

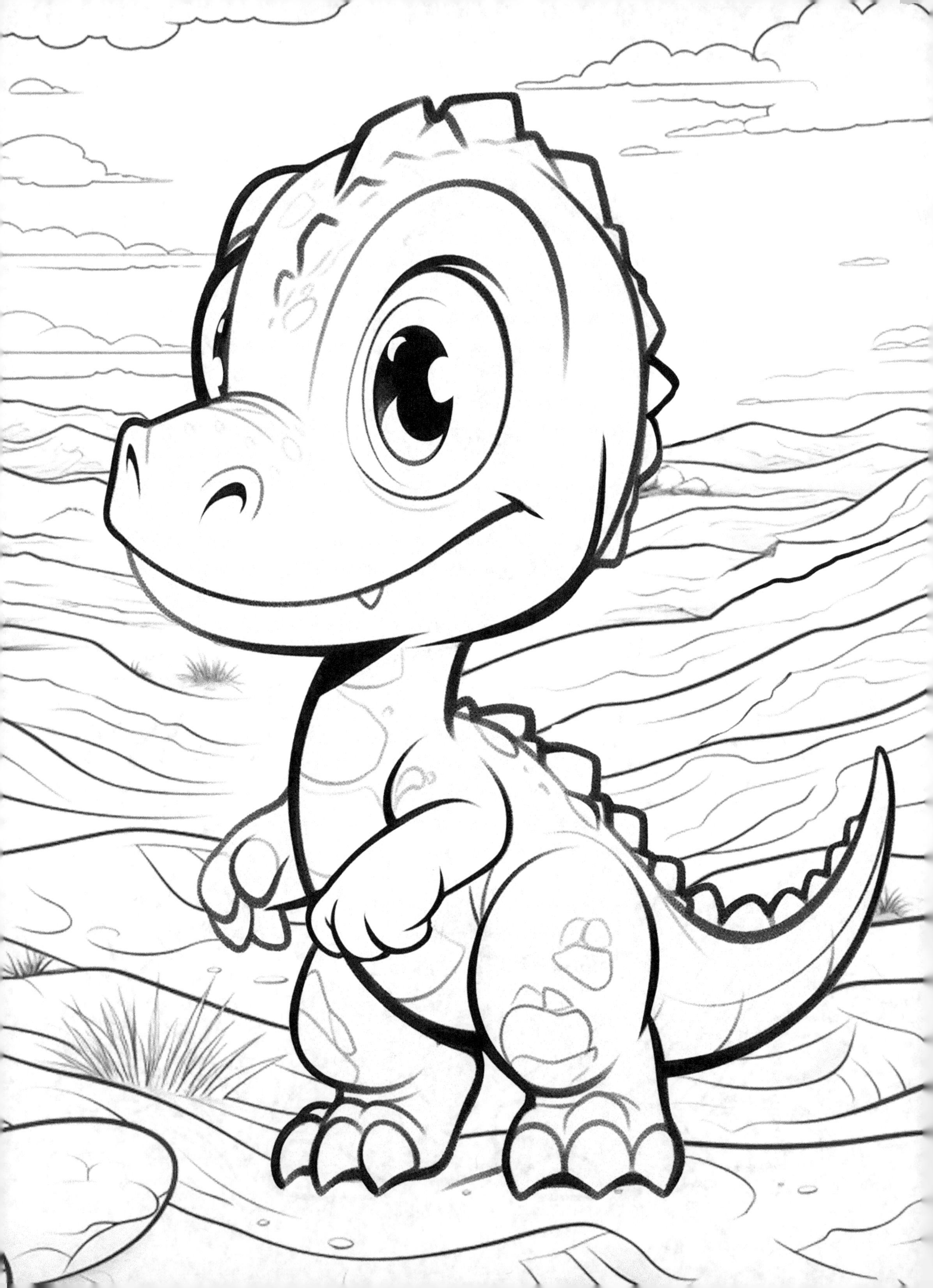

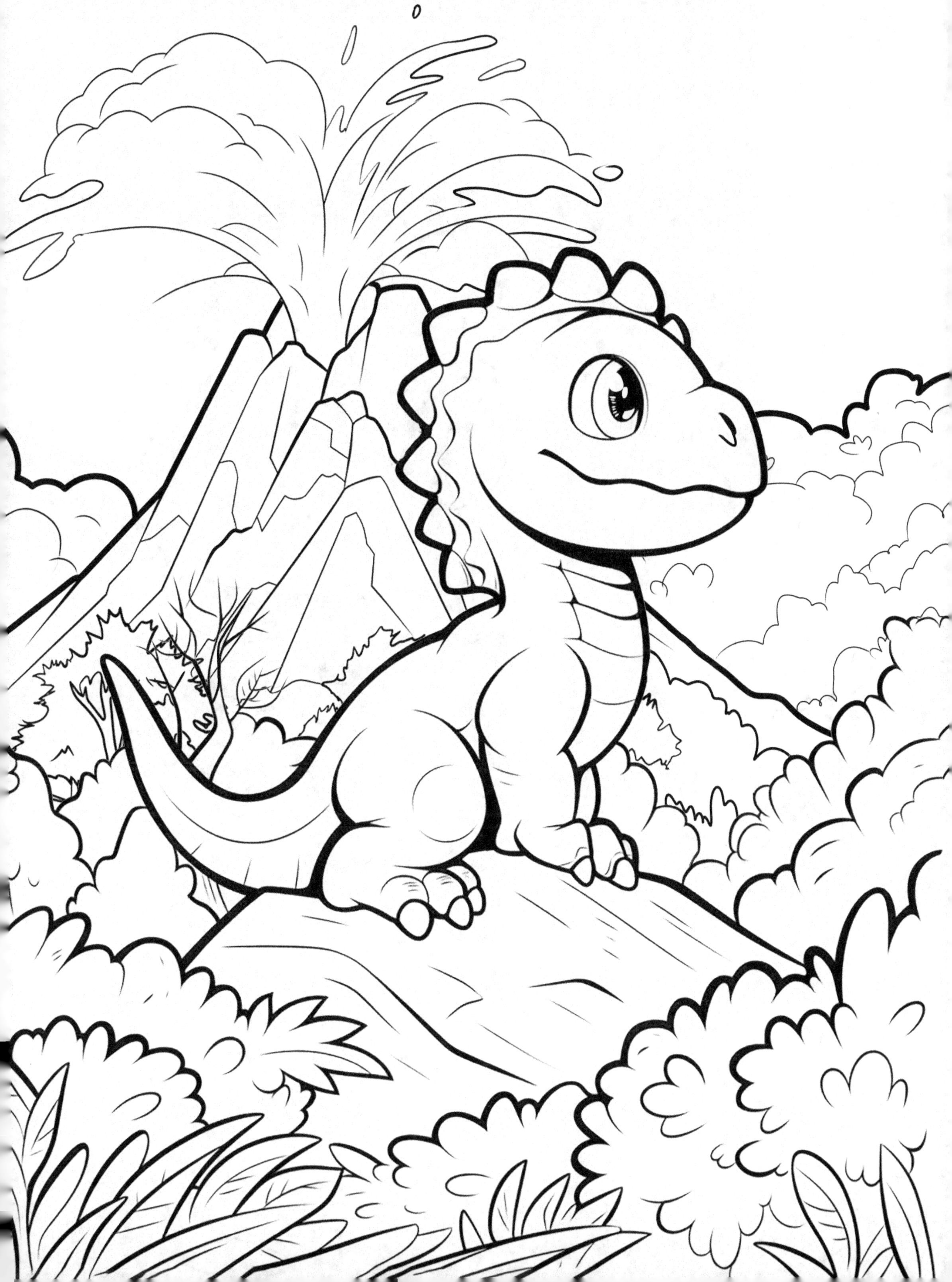

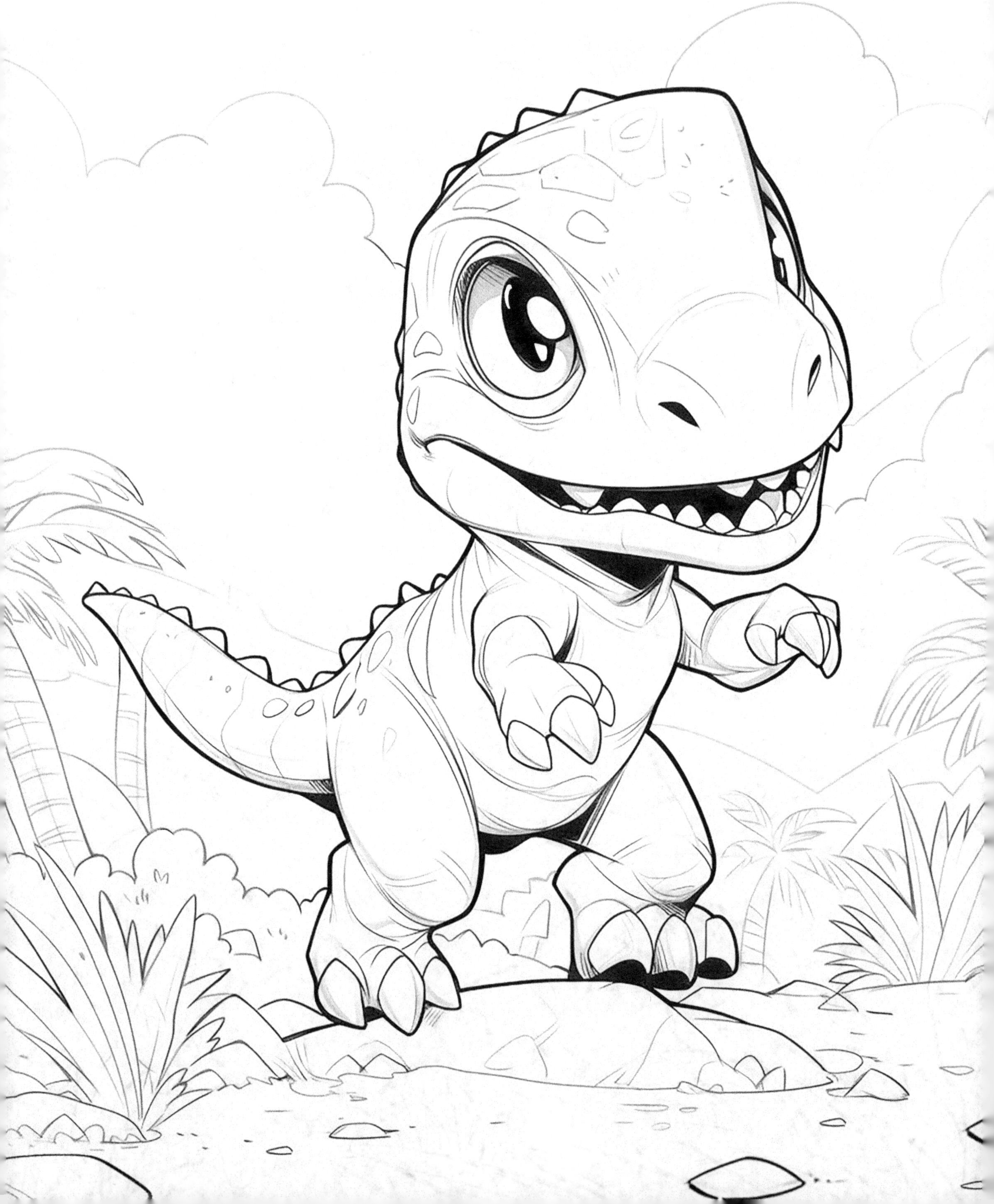

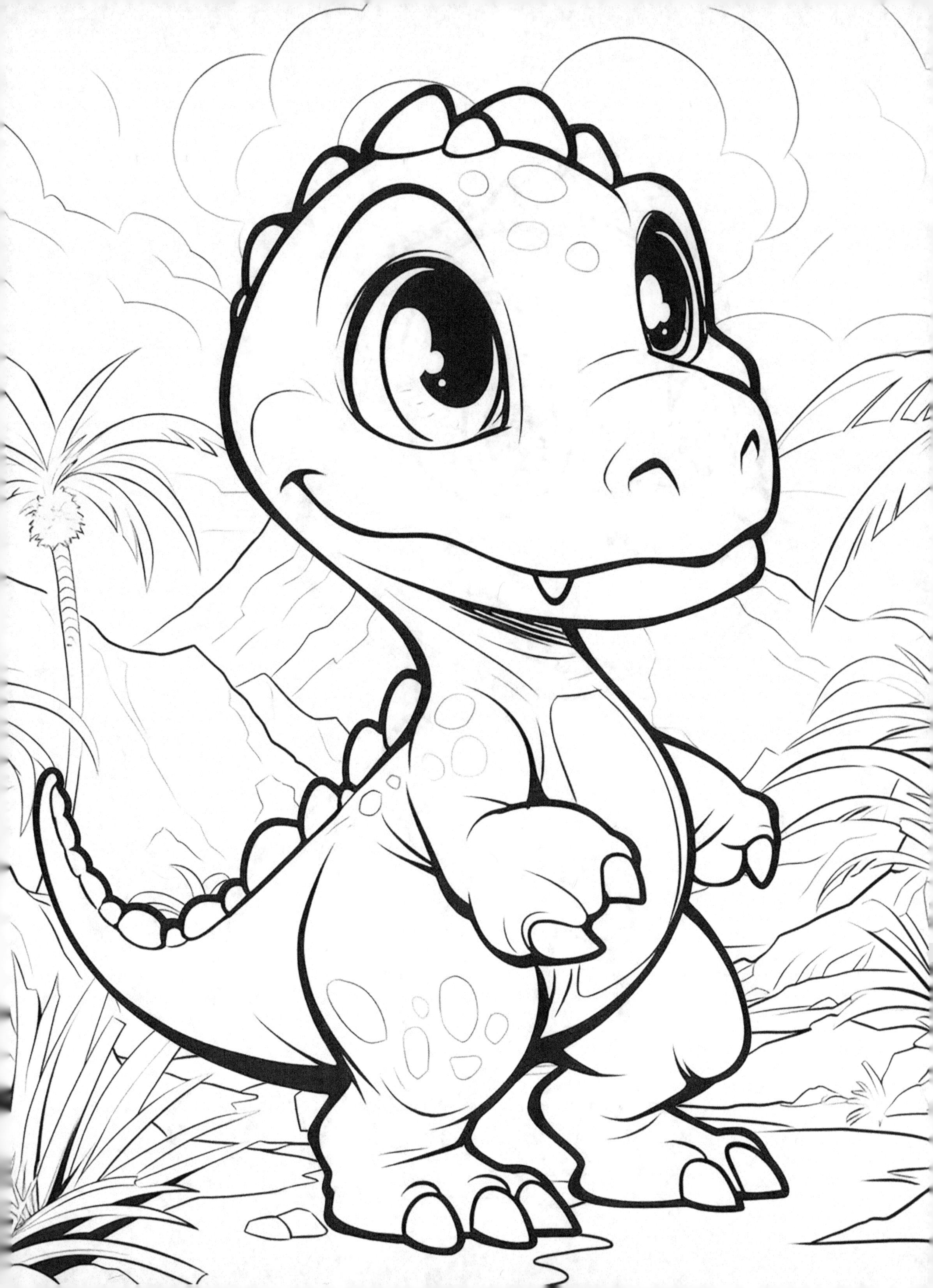

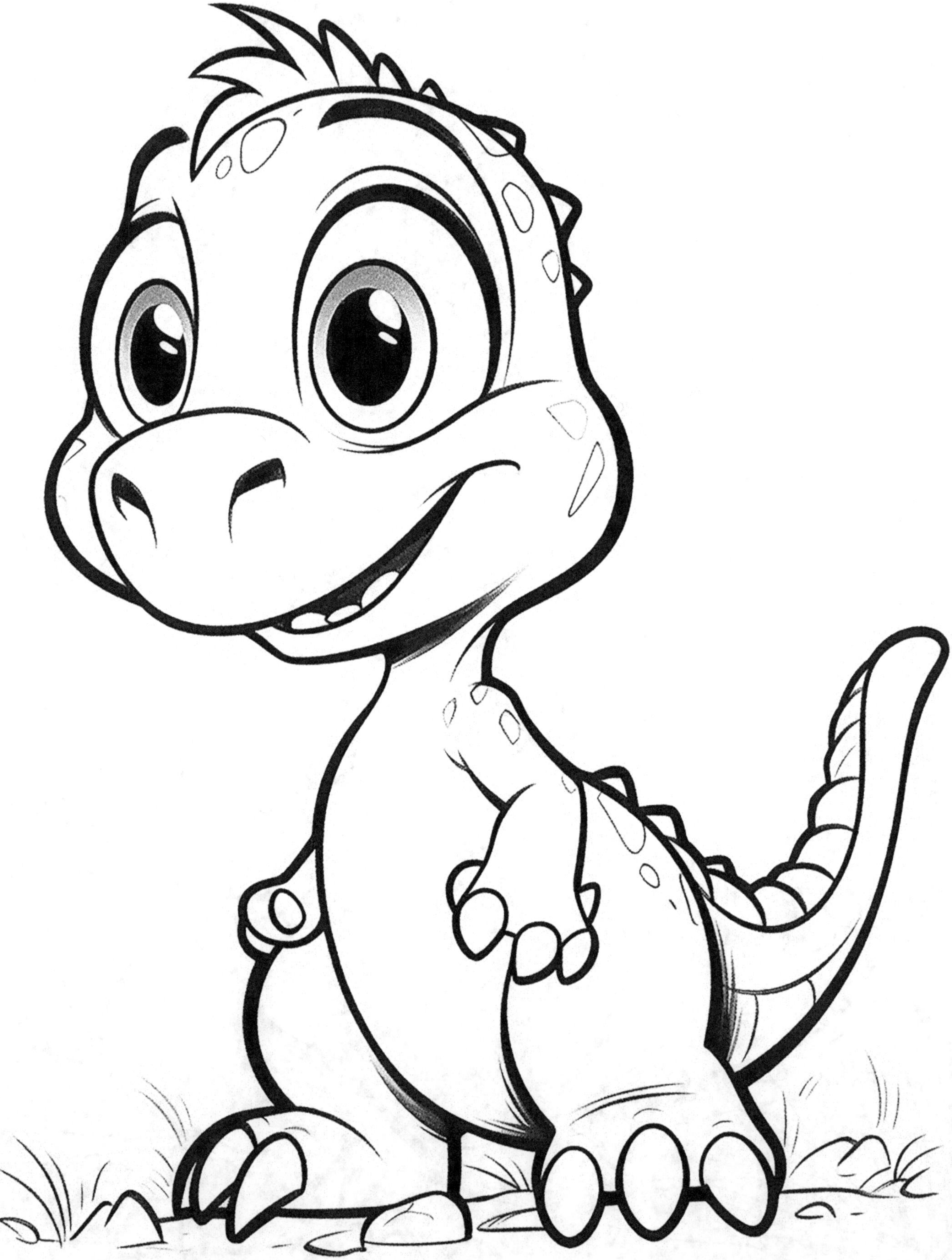

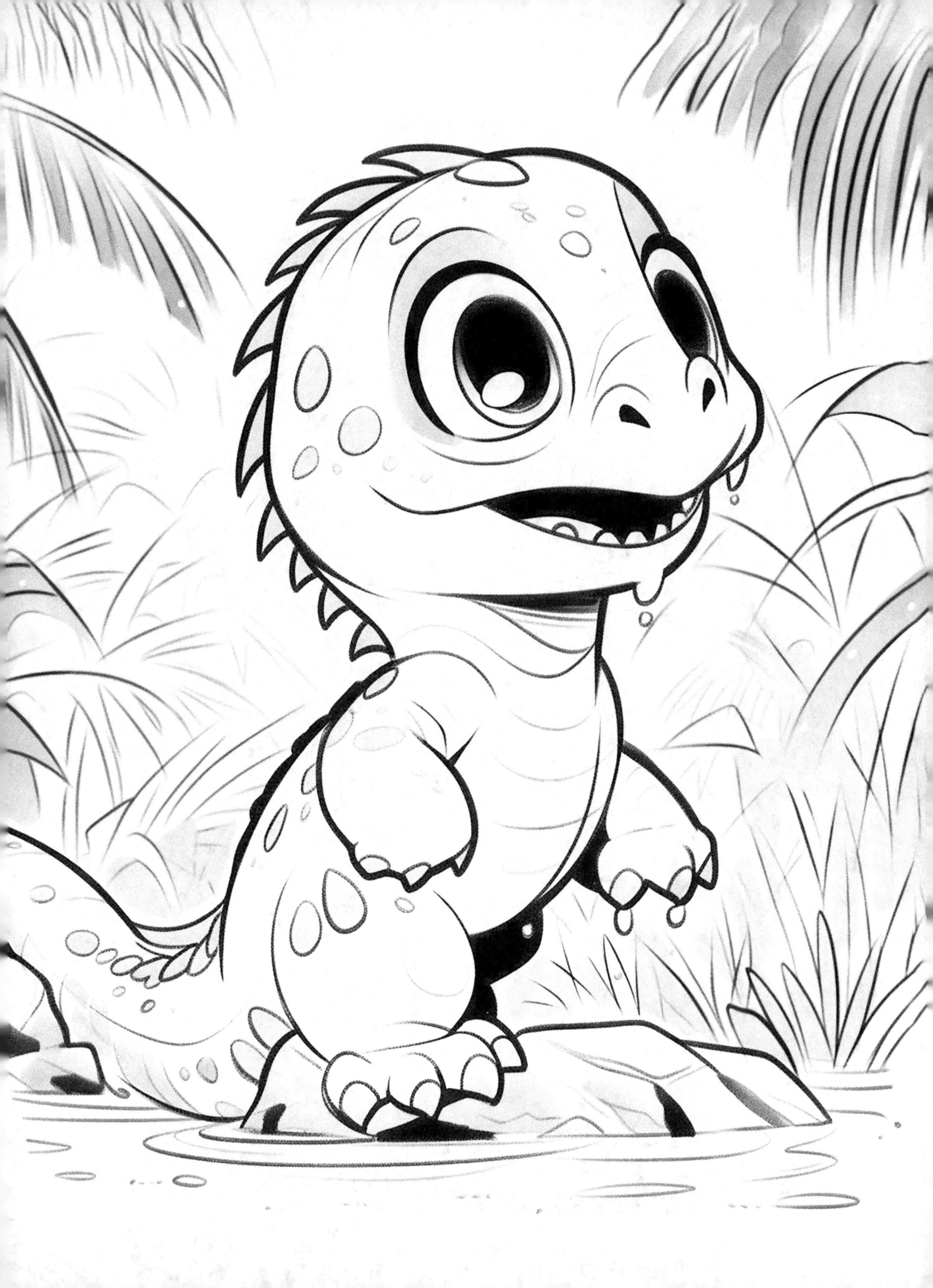

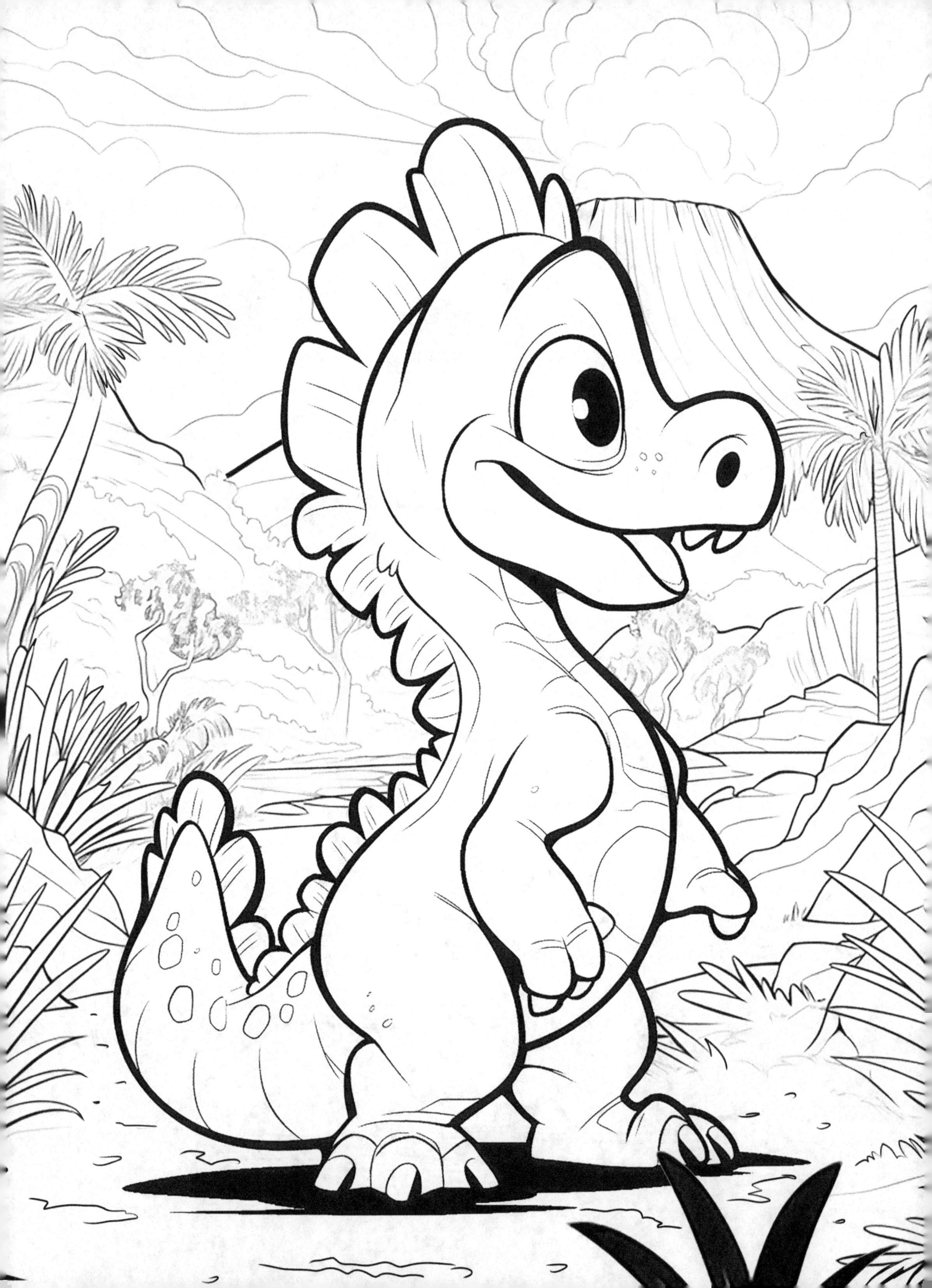

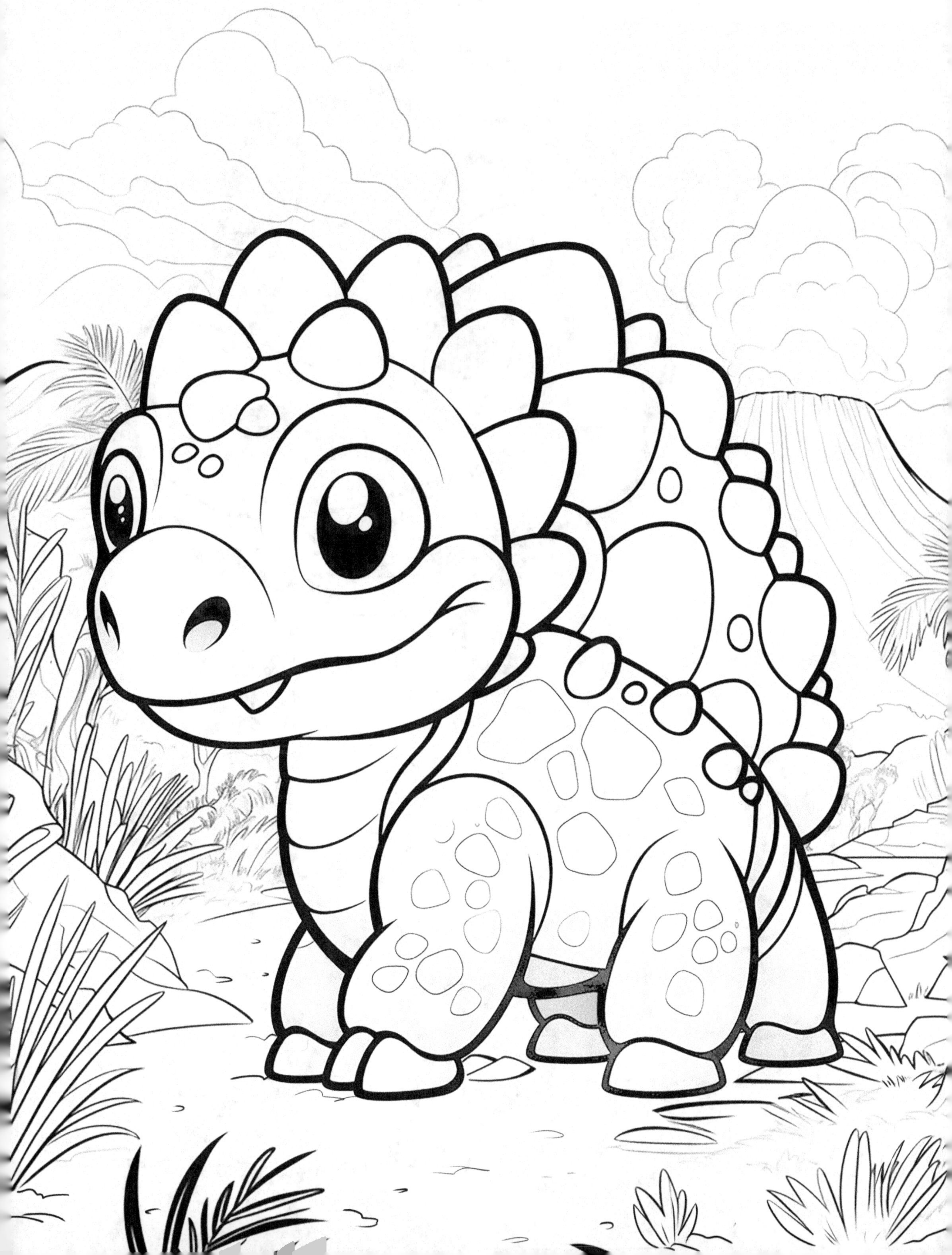

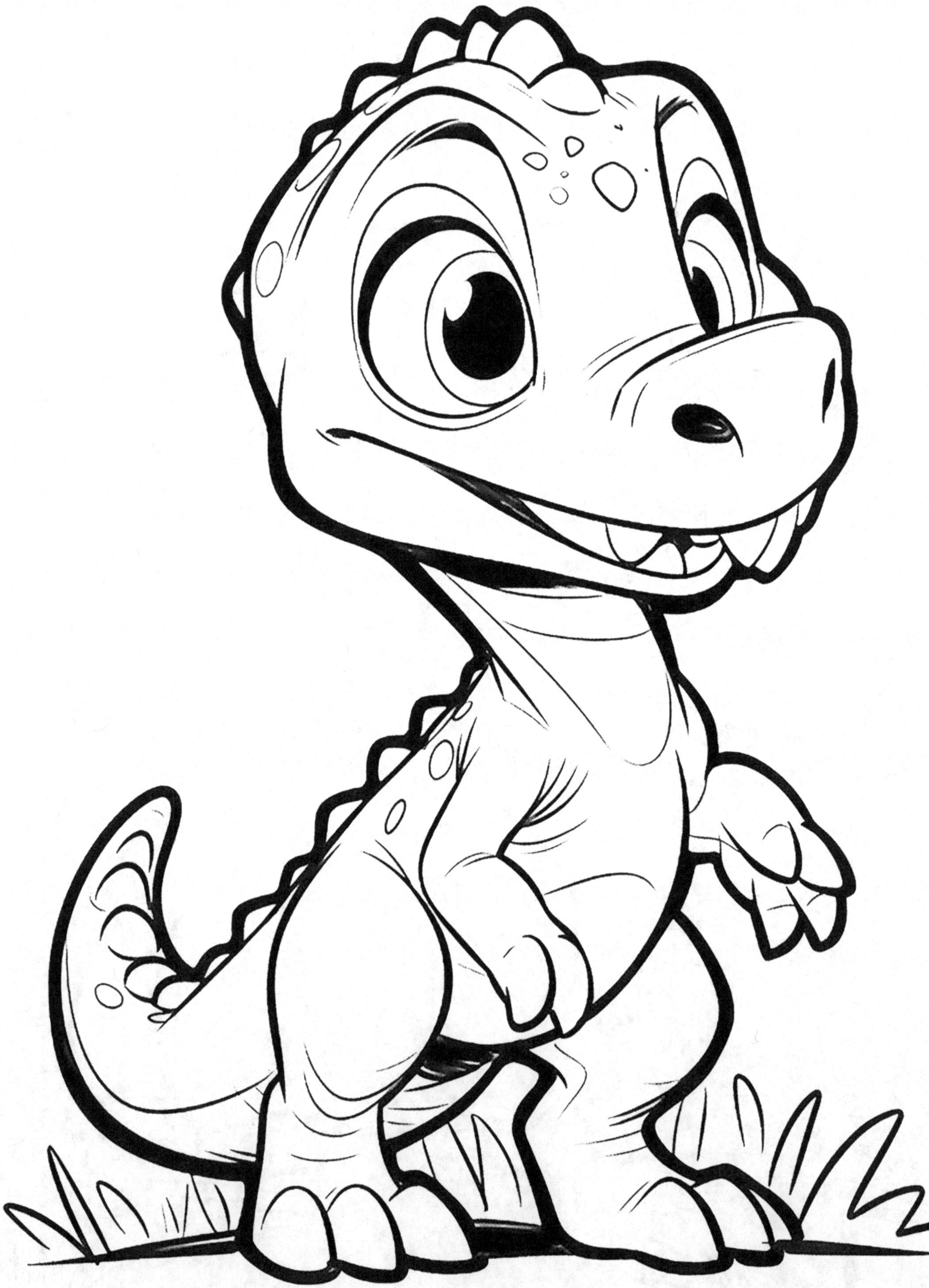

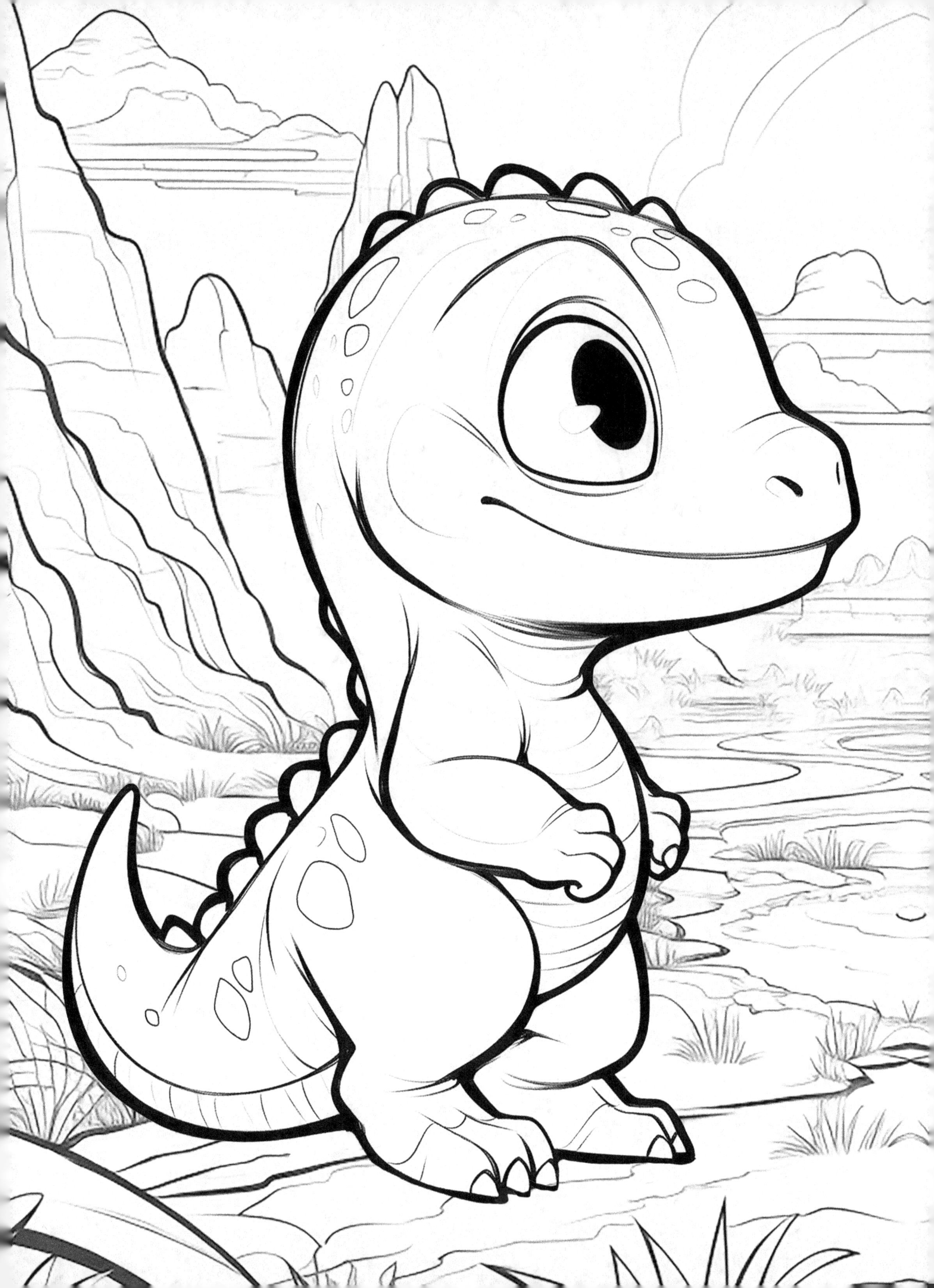

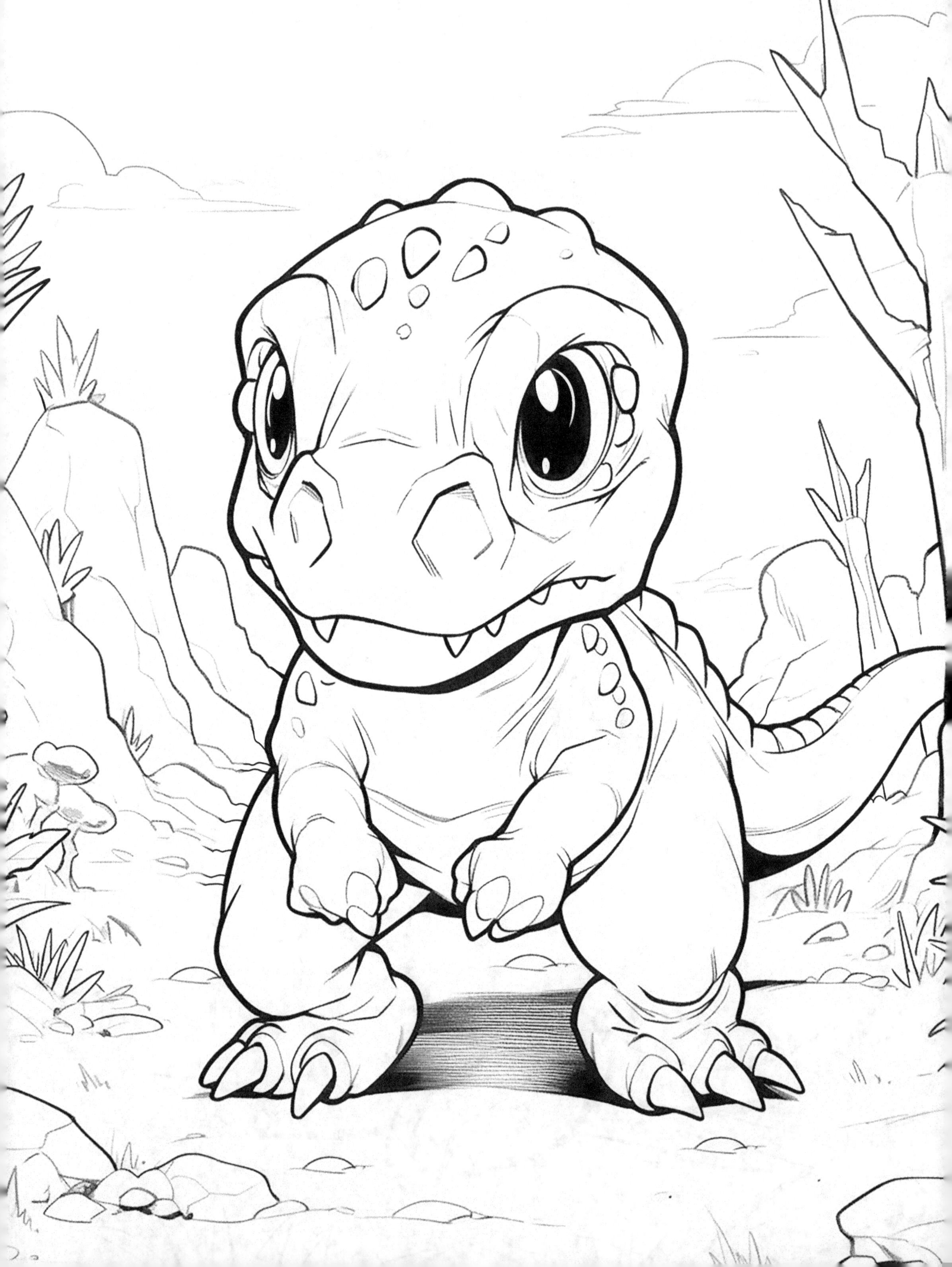

www.ingramcontent.com/pod-product-compliance
Lightning Source LLC
Chambersburg PA
CBHW062125220526
45471CB00010B/3878
* 9 7 9 8 3 2 3 1 9 8 1 5 3 *